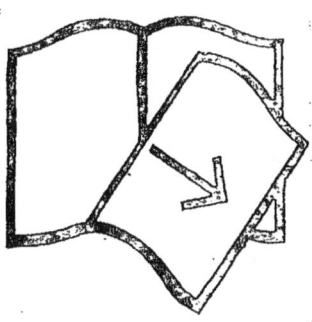

Couverture inférieure manquante

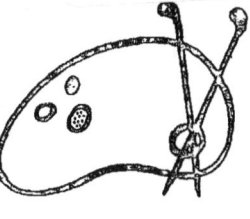

Original en couleur
NF Z 43-120-8

L'ÉGYPTE

ET

SES PROGRÈS

SOUS ISMAIL-PACHA

« Depuis mon avénement l'objet constant de mes
« préoccupations est de développer la prospérité
« publique. »
(Paroles extraites du Discours prononcé par
S. A. Ismaïl Pacha, vice-Roi d'Égypte, le 17
novembre 1866, à l'ouverture du Conseil des
Représentants.)

MARSEILLE
IMPRIMERIE NOUVELLE A. ARNAUD, RUE VACON, 21.

1867.

L'ÉGYPTE

ET

SES PROGRÈS

SOUS ISMAIL-PACHA

> « Depuis mon avènement l'objet constant de mes
> « préoccupations fut de développer la prospérité
> « publique. »
> (Paroles extraites du Discours prononcé par
> S. A. Ismail-Pacha, vice-Roi d'Égypte, le 17
> novembre 1866, à l'ouverture du Conseil des
> Représentants.)

MARSEILLE
IMPRIMERIE NOUVELLE A. ARNAUD, RUE VACON, 21.

1867.

AVANT-PROPOS.

Le sujet que nous nous proposons de traiter est susceptible du plus grand développement, et pourrait facilement servir de texte à plusieurs volumes.

Nous laissons, quant à nous, ce soin à de plus érudits ; heureux si nous accomplissons avec quelque succès la modeste tâche que nous nous proposons et qui consiste à écrire, non pas un livre, mais un simple opuscule.

Trop d'intérêts lient Marseille à l'Égypte, pour qu'une étude sur la prospérité de ce pays, bien que succinte, soit une œuvre vaine et inutile.

Si nos voisins progressent, si une nation que des liens commerciaux et industriels rattachent à nous par une étroite affinité voit ses horizons s'étendre, c'est un résultat que nous devons être les premiers à enregistrer et à proclamer, car nous serons aussi les premiers à en recueillir les fruits.

D'autre part, en ce moment où tous les regards sont tournés vers l'Orient, où les institutions qui régissent les peuples Levantins sont l'objet de la sollicitude des puissances occidentales, n'est-il pas utile de rechercher si, parmi ce vaste Empire Ottoman, pour le maintien duquel nos armées ont vaillamment combattu, il n'est pas un État éminemment progressiste qui, du sein des réformes libérales auxquelles il doit sa transformation, témoigne de l'aptitude des peuples Orientaux pour les bienfaits de la civilisation et les lois réparatrices du progrès ?

APERÇU HISTORIQUE

Sur les temps qui ont précédé la Dynastie actuelle.

MÉHÉMET-ALI & ISMAIL-PACHA.

L'histoire nous fait connaître comment et par qui s'exerça dans les premiers temps le pouvoir souverain en Égypte.

Ce sont d'abord les grands prêtres qui gouvernent au nom et pour compte de leurs Dieux ; puis, viennent les vingt-six dynasties de rois qui, se perpétuant sur le trône depuis Ménès jusqu'à l'invasion des Perses, élèvent un instant l'Égypte sous le règne de Sésostris au rang des nations les plus puissantes.

Mais cette prospérité a un terme. Et ce malheureux pays, asservi par les armées victorieuses de Cambyse, fils de Cyrus roi des Perses, gémit pendant près de deux siècles sous le joug inique du gouvernement des satrapes.

Délivrée par Alexandre-le-Grand, l'Égypte voit luire des temps meilleurs sous le règne des Ptolémée à qui le pouvoir échoit après la mort de ce conquérant. Les lettres et les sciences prospèrent dans son sein, et c'est dans toute sa splendeur qu'elle se transforme en province romaine à la mort de Cléopâtre.

Devenue à la chute de l'Empire une dépendance de Constantinople, elle tombe bientôt au pouvoir d'Amrou, lieutenant du calife Omar, un des premiers successeurs du fondateur de l'islanisme, le prophète Mahomet.

Sous la domination des Califes elle est administrée pendant longtemps par une suite incalculable de lieutenants ou gouverneurs. Et, à ce régime on voit succéder des luttes intestines qui, fomentées par deux castes religieuses, les Fatimistes et les Abassides, achèvent de ruiner le pays à l'aide des guerres civiles.

Elle passe enfin aux temps des croisades entre les mains du célèbre Saladin fondateur de la dynastie des Ayoubites, dont l'un des membres, Touran-Chah, combat l'armée chrétienne commandée par le roi St-Louis et fait ce monarque prisonnier.

A l'extinction de cette dynastie elle devient successivement la proie de divers chefs de milices qui, sous le nom des Mameluks-Bahrites, ont pour successeurs d'autres chefs de hordes militaires ou émirs composant la dynastie des Circassiens.

Ce fut sous la domination de ces derniers, en 1517, que l'entrée triomphante de Sélim, dans le Caire, arracha l'Egypte au joug de ses maîtres barbares et convertit ce pays en province turque.

Il semblait qu'après la longue suite de vicissitudes dont nous venons de retracer si rapidement le tableau, l'Egypte devait retrouver, à l'abri d'un empire puissant, le calme et la prospérité des temps passés.

Il n'en fut rien.

Administrée par des pachas faibles et pusillanimes, le pouvoir y réside uniquement en main des cheiks et des beys qui en usent d'une manière arbitraire ; et ce fâcheux état de choses se perpétue jusqu'à notre expédition d'Egypte qui s'effectue sous Mourad-Bey.

La relation de cette mémorable campagne n'entre pas dans le cadre limité que nous nous sommes tracé ; elle dépend exclusivement du domaine de l'histoire, mais nous devons cependant indiquer que ses causes originaires attestent le complet état de barbarie dans lequel était retombée cette malheureuse nation.

Il suffit, en effet, de consulter le rapport adressé le 25 pluviôse an VI, au Directoire, par le ministre des relations extérieures de France, sur la situation de notre pays avec l'Egypte, pour avoir une juste idée du mauvais accueil qui y était fait à nos nationaux et des traitements indignes subis par eux. Tout commerce leur était impossible et ils se voyaient journellement spoliés de sommes considérables.

Le drapeau français voulut avoir raison des sanglantes injures qui lui avaient été faites par un pouvoir despotique ; et l'expédition fut entreprise en 1798 pour finir en 1801 avec le meurtre de Kléber.

C'en était donc fait des rêves de civilisation occidentale.

que nos armées étaient destinées à importer de France sur le sol égyptien.

Plus que jamais, cet infortuné pays allait être voué à l'œuvre de destruction et de despotisme entreprise par la tyrannie des Beys, lorsque tout à coup, par un revirement subit de la fortune, de meilleures destinées appelèrent, en l'année 1805, Méhémet-Ali à la vice-royauté d'Egypte.

On dirait, si l'on considère avec attention les fastes de l'histoire égyptienne, que la Providence s'est plû à convertir en âges heureux pour ce pays les temps qui ont suivi l'apparition sur son sol des deux plus grands capitaines des temps anciens et modernes.

Dans l'antiquité, c'est Alexandre-le-Grand qui meurt après avoir fondé Alexandrie, et aussitôt la dynastie des Ptolémée rend à l'Egypte la splendeur dont elle brillait sous Sésostris.

Au commencement de notre siècle, c'est Napoléon qui abandonne ce pays après avoir fait flotter victorieux le drapeau français sur les champs de bataille des Pyramides et d'Aboukir ; et soudain les précieux germes de civilisation semés par nos soldats sur la terre égyptienne, se montrent et se développent sous la puissante main de Méhémet-Ali.

Par une étrange coïncidence, le pays où Alexandre-le-Grand reçut le jour, l'antique Macédoine, fut aussi celui qui vit naître le fondateur de la dynastie actuelle ; et un hasard digne de remarque, voulut encore que l'année 1769, qui avait donné à la France le grand génie à qui elle devait décerner plus tard le sceptre impérial, inscrivit la première sa date sur le berceau du futur régénérateur de l'Égypte.

L'histoire a gravé dans ses annales les succès militaires de Méhémet-Ali. Elle a rangé au nombre des faits d'armes contemporains les plus brillants, ses fameuses expéditions de Candie, de Syrie et de Morée. La prise de Saint-Jean-d'Acre, cette place inexpugnable, par le chef de son armée, le vaillant Ibrahim-Pacha, son fils, restera marquée parmi les exploits les plus fameux de nos plus grands capitaines modernes; mais le meilleur titre de gloire de Méhémet-Ali sera dans les sages institutions dont il dota son pays.

En Prince habile et éclairé, il voulut qu'avec le fruit des victoires ses sujets recueillissent au retour des nombreuses expéditions où leurs armes s'étaient illustrées les bienfaits de la prospérité intérieure, qui pour beaucoup de nations sont le privilége exclusif de la paix.

C'est ainsi que s'attachant, tout d'abord, à transformer l'administration du pays, il s'entoura de conseils composés d'hommes sages et éclairés, compétents dans chacune des branches essentielles du gouvernement. Il institua des ministères pour la guerre, la marine, l'intérieur, les finances, l'instruction publique, les affaires étrangères et le commerce.

L'Egypte fut érigée en sept gouvernements se subdivisant en autant de départements, fractionnés eux-mêmes en un nombre égal de cantons.

Des règles propres à la sauvegarde des intérêts privés furent imposées aux fonctionnaires placés à la tête de ce nouveau rouage administratif.

Il réglementa l'impôt en s'attachant surtout à prévenir le retour des nombreuses exactions commises jusqu'alors par les agents chargés de les percevoir.

Toute sa sollicitude se porta aussi sur l'agriculture qu'il développa en lui appliquant un système de monopole, seul efficace à cette époque exceptionnelle.

L'armée fut promptement réorganisée par l'utile créateur du Nizam.

Grâce à cette institution éminemment nationale les milices turques et albanaises qui opprimaient le pays au lieu de le protéger, furent remplacées par des troupes indigènes bien équipées et susceptibles par la pratique des armes de constituer une armée d'élite.

Des écoles militaires furent créées et confiées à la direction d'habiles officiers français.

Sûr, désormais, de ses forces de terre, Méhémet-Ali voulut avoir autant que possible une puissance égale sur mer.

Bravant et surmontant des difficultés inouïes, il établit un arsenal à Alexandrie, et le plaça sous les ordres d'un savant ingénieur français, M. de Cérisy.

Bientôt, comme par enchantement, d'excellents vaisseaux de ligne sortirent de ses chantiers et formèrent une véritable flotte se composant de plusieurs vaisseaux, frégates, corvettes et goëlettes qui, montés par des équipages d'élite, secondèrent avantageusement et appuyèrent, par leurs évolutions, la marche de l'armée de terre pendant l'expédition de Syrie et le siège de Saint-Jean-d'Acre.

Telle fut l'œuvre de Méhémet-Ali; elle embrassa, comme on l'a vu, jusque dans leurs moindres détails, toutes les institutions qui régissent un Etat. Sa sollicitude pour les intérêts de son peuple n'eût d'égale que son dévoûment à la chose publique; et son règne entier ne fut qu'une longue suite de sages réformes qui toutes tendirent à la régénération d'un peuple si longtemps opprimé par des princes injustes et barbares.

Dans une circonstance solennelle, Ismaïl-Pacha, s'adressant, il y a quelques mois à peine, aux élus du Pays, résumait le règne glorieux du fondateur de la dynastie dans les quelques paroles suivantes, empreintes du plus vif sentiment de reconnaissance pour les bienfaits dont la nation est redevable envers ce grand homme :

« Mon aïeul, dit-il, fit cesser le désordre en Egypte, « ramena la sécurité et fonda des institutions assurant un « avenir prospère. »

Méhémet-Ali a trouvé un digne continuateur de ses œuvres dans Ismaïl-Pacha, son petit-fils.

Issu du valeureux guerrier qu'une mort prématurée enleva si inopinément à l'amour de ses sujets, ce prince, en montant sur le trône, a précieusement recueilli les nobles traditions que lui léguaient son aïeul et son père; et spontanément il a pris pour devise le noble programme que nous avons choisi pour texte, car notre but unique est de démontrer qu'il a été fidèlement rempli.

PROGRÈS POLITIQUE

L'HÉRÉDITÉ DIRECTE

LE CONSEIL DES REPRÉSENTANTS.

Le Progrès politique est la source fondamentale de la prospérité des nations. Fécondateur par excellence, il transforme les institutions qu'il régit, et se répand dans toute l'organisation d'un Etat en lui imprimant une vitalité nouvelle.

Depuis son avènement au pouvoir, Ismaïl-Pacha a donné par ses actes la preuve incontestable que son désir le plus ardent était de contribuer de toutes ses forces au développement de ce progrès essentiel.

Mais la voie à suivre n'était pas sans obstacles ; car, si l'héritage qu'il tenait de ses prédécesseurs avait été un instant riche et même opulent sous son aïeul, il faut reconnaître que la succession de Méhémet-Ali avait été grevée à la fin du règne de ce prince du fameux hatti-chérif de 1841, qui restreignait désormais dans une certaine limite le pouvoir des princes appelés à gouverner l'Egypte.

Un point capital, entre autres, et présentant un caractère fondamental, puisqu'il avait pour objet la base de cet édifice dynastique si péniblement élevé par Méhémet-Ali, l'ordre de succession au trône d'Egypte, se trouvait règlementé par les dispositions émanées de la Sublime-Porte.

Cependant, rigoureux et scrupuleux observateur des traités, Ismaïl-Pacha, quoique chef d'une nation vaillante et forte, a respecté la loi qui avait été faite à ses devanciers, et semblable à l'artiste habile qui supplée par la richesse des couleurs à l'exiguité de la toile, il a poursuivi hardiment, dans le cadre restreint que lui traçait le hatti-chérif de 1841, son œuvre de réforme et de civilisation.

La nomenclature de toutes les modifications intérieures, qui dès l'avènement d'Ismaïl-Pacha jusqu'à ce jour ont transformé l'économie gouvernementale de l'Egypte, serait longue à décrire. Il nous suffira d'indiquer que secondé par des ministres éminemment progressistes, au nombre desquels il faut surtout distinguer LL. EE. Schérif-Pacha, le président éclairé du conseil privé de Son Altesse et le zélé réformateur de l'instruction publique, et Nubar-Pacha, l'habile diplomate que les grandes puissances occidentales seraient fières de compter parmi leurs hommes d'Etat, le vice-roi actuel a fait faire un pas immense aux institutions politiques de son pays. De plus, par ses soins, un contrôle sérieux est constamment exercé sur tous les actes des fonctionnaires publics et sur l'administration intérieure.

L'année 1866 a été témoin en Egypte de deux grands

actes qui ont plus spécialement marqué la marche ascendante du progrès politique.

L'hérédité directe et la création de l'Assemblée des représentants ou délégués sont en effet deux institutions qui, tout en affermissant les bases de l'édifice gouvernemental, offrent en même temps le gage de l'avenir le plus prospère pour le pays.

Déjà, dans une précédente brochure, nous avons étudié l'économie du changement de mode de succession au trône qui, par une fausse interprétation du hatti-chérif de 1841 et conformément aux usages orientaux s'opérait antérieurement en Egypte par la ligne collatérale, et nous armant du texte même du document fondamental, nous nous sommes attaché à prouver que la succession en ligne directe résultait seule du sens littéral de l'acte réglementaire (1).

D'ailleurs si cette importante mesure avait besoin d'une justification, on la trouverait indubitablement dans les motifs éminemment utilitaires qui l'ont dictée.

L'hérédité directe c'est le trait d'union qui lie le souverain à l'avenir de son pays. C'est le précieux mobile qui donne naissance aux grandes institutions nationales appelées à prospérer jusque dans les générations futures. Car, ainsi que nous le disions dans notre brochure « quel « sera le mobile du prince qui sait d'avance qu'il ne sera

---

(1) Voir le journal l'*Egypte* du 17 juin 1866, qui donne le compte-rendu de cette brochure.

« pas donné à sa postérité de recueillir le fruit de ses victoi-
« res et des institutions dont il a doté ses sujets.

« Si, tout au contraire, la loi de son pays lui garantit la
« transmission du pouvoir à ses descendants, l'amour de
« la famille se confondra dans son cœur avec l'amour de
« son peuple, et changera quelquefois en héros le souve-
« rain qui brûle du légitime orgueil de faire asseoir sa dy-
« nastie sur un trône puissant et glorieux.

« C'est ainsi que Méhémet-Ali, dont le rêve est d'éta-
« blir en Egypte une dynastie nouvelle qui sera la sienne,
« étonne avec l'épée d'Ibrahim-Pacha, son fils, l'Europe
« entière par ses exploits. Tour à tour guerrier et législa-
« teur, il appelle à une vie nouvelle le peuple Egyptien,
« qu'il transforme. »

Si ces principes avaient besoin de recevoir l'appui d'un nouvel exemple, nous le trouverions dans les actes d'Ismaïl-Pacha lui-même, qui après avoir assuré le trône à sa postérité, inaugure en Egypte l'ère nouvelle des institutions libérales en créant le conseil des représentants.

« Depuis mon avènement, disait-il en installant la
« nouvelle Assemblée des représentants du pays, l'ob-
« jet constant de mes préoccupations fut de développer
« la prospérité publique. Je songeai souvent à créer un
« conseil de représentants ayant mission de discuter les
« importantes affaires purement intérieures du pays.
« Cette institution a le grand avantage de sauvegarder
« tous les intérêts. »

L'amour du bien public qui est le caractère essentiel des

nobles paroles prononcées par Ismaïl-Pacha dans cette circonstance solennelle, se révèle encore dans l'esprit qui a présidé à la rédaction des divers articles du règlement fondamental.

Quant aux caractères généraux de cette récente institution, ils ont été déjà l'objet d'une étude spéciale que nous leur avons consacré dans un journal de notre ville : et l'accueil sympathique qu'elle a reçu dans la feuille officielle du pays, le journal l'*Egypte*, nous engage à la reproduire ici en partie, en indiquant d'avance que son unique mérite consiste dans l'exposé succint et résumé des considérations utilitaires qui distinguent cet acte important (1).

« Le conseil des représentants, disions nous, peutêtre défini en se servant des termes du règlement organique lui-même: une assemblée d'hommes honnêtes, loyaux, capables et nés dans le pays ; choisis par leurs concitoyens pour discuter entre eux toutes les grandes questions intérieures se rattachant à l'administration de l'Etat et aux intérêts de la nation et chargés également de se prononcer sur les projets que le gouvernement croira relever de leurs attributions, et au sujet desquels ils donneront leur opinion qui sera soumise à l'approbation de S. A. le viceroi.

---

(1) Voir le *Messager de Provence*, journal de Marseille, du 29 novembre 1866, l'*Étendard*, grand journal politique de Paris, numéro du 24 décembre 1866, qui fait mention de notre étude, et l'*Égypte*, journal d'Alexandrie, du 9 décembre 1866, qui en donne le résumé.

« L'esprit libéral qui a présidé à cette institution en a aussi dicté l'organisation. Le gouvernement égyptien a tenu, en effet, à ce que le peuple choisit lui-même ses mandataires et fît sortir leur nom de l'urne électorale.

« Comme surcroît de garantie donné à la nation égyptienne, et afin que le choix des électeurs puisse se porter sur des mandataires indépendants, libres de toute action gouvernementale et exempts de toute suspicion de servilité, ne peuvent être élus ceux qui sont au service du gouvernement, tant notables et principaux des villages, que ceux qui sont au service de quelqu'un. Sont dans le même cas, ceux qui sont au service militaire, soit en activité, soit dans la réserve.

« Une exclusion conforme aux principes de morale de toutes les nations, fait figurer de plus, au nombre des incapables, les faillis, à moins pourtant d'une réhabilitation régulière et complète ; ceux qui n'ont aucun moyen d'existence, et ceux qui ont subi une peine infamante ou qui ont été renvoyés du service, d'après une sentence.

« L'âge requis pour être éligible est de 25 ans au moins, et la durée du mandat est de trois années.

« Les mêmes conditions de capacité, requises pour être éligible, sont nécessaires pour être électeur.

« Toutes ces dispositions sont, en principe, basées et renouvelées de notre régime électoral.

« Disons, à la louange du vice-roi, qu'aucune exclusion n'est prononcée pour différence de religion. Il n'a pas douté, à l'exemple des nations européennes les plus civilistes, que servir un Dieu différent n'empêche pas de servir avec le même zèle un même prince et un même pays; et ses sujets cophtes ont été admis au même titre que ses sujets musulmans à jouir des bienfaits du nouvel état de choses.

« Il était nécessaire, pour l'efficacité des résultats attendus de la nouvelle institution, qu'une légère restriction fut apportée au droit électoral dans les villages.

« Là, c'est d'après le règlement organique, aux cheiks, fonctionnaires dont les attributions sont à peu près celles de nos maires, et qui sont directement élus par leurs villages respectifs, qu'il appartiendra de voter au nom des populations qu'ils représentent.

« Cette mesure paraîtra très sage, si l'on considère qu'en Egypte le peuple des campagnes est bien loin d'être doué de la civilisation qui, en France, s'est répandue, de nos jours, dans les villages.

« Il est donc naturel que, pour cette portion de l'Etat, le soin important de choisir un représentant dans la grande assemblée du pays ait été confié à un fonctionnaire dont la sagesse et la raison sont une garantie ; qui est déjà l'élu de ses administrés, et qui, avant de prendre une décision, ne peut manquer de s'inspirer des inclinations de ses concitoyens.

« Le nombre des membres à élire ne peut excéder soixante-quinze, et ils sont répartis par chaque province, selon l'importance de la population.

« Une exception est faite pour les villes les plus importantes du pays : le Caire, qui nommera trois membres, et Alexandrie, qui en désignera deux.

« La simple lecture de l'article 8 du règlement organique démontre combien le gouvernement s'est efforcé de multiplier les garanties nécessaires à la liberté du vote et au dépouillement du scrutin.

« Comme en France, ces formalités doivent s'accomplir devant un bureau électoral, qui, en Egypte, sera composé du moudir et de son wekil, fonctionnaires qui peuvent être assimilés à nos préfets et sous-préfets, et, en outre, en présence du chef de bureau du contentieux et du cadi de la préfecture, magistrat ayant à peu près les attributions de nos juges de paix.

« Nous trouvons aussi une certaine similitude entre l'organisation de l'institution dont nous nous occupons et celle de notre Corps législatif, en ce qui se rattache à la vérification des pouvoirs qui doit être faite par une commission prise au sein de l'assemblée elle-même.

« La même remarque peut surgir au sujet de la convocation, l'ajournement, la prorogation et la dissolution de l'assemblée, tous actes qui sont en France, comme en Egypte, dans les attributions exclusives du souverain.

« Telle est, en résumé, l'économie de la nouvelle organisation. Il suffit d'en parcourir les dispositions pour se convaincre de l'esprit de sagesse et de justice qui l'a dictée.

« En initiant le peuple égyptien aux formes constitutionnelles, S. A. Ismaïl-Pacha a voulu raviver chez ses sujets le souffle de civilisation que les rapports commerciaux incessants de l'Europe avec cette partie de l'Orient y répandent de plus en plus.

« Sans excéder, toutefois, la limite des pouvoirs que sa naissance et les traités lui confèrent, le vice-roi d'Egypte a appelé son peuple entier à contribuer à la tâche difficile de travailler à la prospérité du pays. Il a choisi, en un mot, pour ses conseillers intimes, les représentants de la nation entière, et il a voulu qu'une solidarité d'intérêts entre le prince et ses sujets fut le gage de la bonté d'une institution si utile pour l'Egypte. Ce qui fait surtout le mérite de cet acte, c'est la spontanéité avec laquelle il s'est produit. Ismaïl-Pacha est allé au-devant des vœux de son peuple.

« Au lendemain même de l'accueil enthousiaste qu'il recevait à son retour de Constantinople, lorsqu'il rapportait à ses sujets le firman de la Sublime-Porte, qui règlementait l'hérédité directe, il a marqué, par un acte qui ne s'efface jamais de la mémoire d'une nation, l'ère nouvelle des institutions libérales, bases immuables sur lesquelles sa dynastie est appelée à s'asseoir. »

Depuis, l'assemblée des représentants a utilement inauguré sa création ; d'importantes décisions ont été prises par elle dans les affaires d'intérêts intérieurs, relevant de ses attributions. Son concours éclairé a de plus contribué à apporter aux actes du gouvernement un précieux contingent de lumières ; de telle sorte qu'aujourd'hui, la nation égyptienne peut, à juste titre, être fière d'avoir à sa tête, près du chef de l'Etat, une réunion d'hommes éclairés dont l'unique tâche est de protéger ses intérêts et de seconder ses aspirations en coopérant à la fois au bonheur du peuple et à la prospérité du pays.

PROGRÈS ÉCONOMIQUE

AGRICULTURE, COMMERCE.

AGRICULTURE.

La richesse et la prospérité d'une nation ne peuvent se développer que sous la double influence de l'agriculture et du commerce.

Ce sont les deux principes économiques qui, à la fois, fertilisent le sol du pays et créent les rapports internationaux qui unissent les peuples.

Le progrès agricole et commercial a fait, en quelques années, un pas immense en Egypte, et a subitement développé les précieuses ressources de ce pays privilégié.

Dans le passé, depuis les Pharaons jusqu'aux temps modernes, la terre égyptienne était la propriété exclusive du souverain.

Méhémet-Ali, lui-même, consacra et maintint ce principe de toutes ses forces ; car, dans sa sagesse, il pensait avec raison que le temps n'était pas venu de laisser à un peuple, à peine sorti de l'asservissement, le soin si important de faire fructifier la mère nourricière du pays.

Il fixait, par lui-même, le mode de culture du sol ; et il était l'unique arbitre du choix de la semence qui devait être préférablement confiée chaque année à la fertilité bien connue de la terre égyptienne.

Mais avec l'aide de la civilisation et grâce surtout aux leçons de l'expérience, le peuple des campagnes s'initia bientôt aux règles de l'agriculture ; et, de nos jours, il a été permis à Ismaïl-Pacha de se départir des principes restrictifs qui avaient été suivis, à cet égard, par son aïeul.

Aujourd'hui une transformation complète s'est opérée. La terre n'est plus le domaine exclusif du souverain ; les produits du sol appartiennent à celui qui en a semé le germe, et si le prince possède encore de vastes domaines, c'est, nous n'hésitons pas à le dire, à l'avantage de la prospérité agricole du pays ; car, supérieurement gérée et administrée, la Daïra du souverain constitue ce que l'on pourrait appeler une vaste ferme-école qui initie, journellement, les cultivateurs, aux progrès constants réalisés par l'agriculture.

Terre privilégiée et naturellement féconde, le sol égyptien est d'ailleurs, d'une culture facile. Elle doit surtout, comme on le sait, sa fertilité à l'action du limon déposé par les eaux du Nil.

Ces causes naturelles, jointes à l'essor résultant des réformes essentielles que nous venons de citer, nous expliquent l'immense développement subi de nos jours par les principaux produits du pays.

Les splendides récoltes de coton qui, dans ces dernières années ont enrichi les agriculteurs, sont une preuve des résultats considérables auxquels peut aspirer un Etat sous la direction d'un prince éclairé.

L'Egypte doit la culture de l'arbuste qui fournit ce précieux textile à un français, M. Jumel, qui la répandit dans le pays en 1821.

Elle se propagea bientôt dans toutes les provinces; mais c'est surtout dans les terres du Delta, essentiellement grasses et humides, qu'elle prit la plus grande extension.

Aussi voyons-nous peu à peu l'exportation de ce produit suivre une marche graduellement ascensionnelle et atteindre une importance considérable, à l'époque où éclate la guerre d'Amérique.

Les chiffres que nous citerons en nous occupant du progrès commercial apporteront leur témoignage mathématique, à l'appui de ce fait que chacun connaît et que Marseille, notamment, a pu vérifier la première, par ses relations commerciales avec Alexandrie.

Mais ne faut-il pas noter ici que dès l'avènement d'Ismaïl-Pacha, c'est-à-dire en 1863, époque à laquelle les funestes conséquences du choc des armées américaines menaçaient le plus en Europe l'industrie cotonnière, si importante en France, une impulsion sans égale imprimée par ce prince à l'agriculture du pays, lui a permis d'apporter un puissant remède au mal dont les ravages commençaient déjà à se faire si cruellement sentir?

En accomplissant cette noble tâche, Ismaïl-Pacha n'a

pas seulement acquis des droits incontestables à la reconnaissance de l'Egypte qui lui doit sa richesse et sa prospérité actuelles, il a mérité encore toute la gratitude de l'Europe, car c'est à sa vigilance, aux encouragements nombreux et aux facilités données par lui aux agriculteurs égyptiens, qu'elle est redevable du salut d'une industrie aussi importante qu'utile.

COMMERCE.

Par sa position topographique, l'Egypte est destinée à être une nation commerçante.

Située au Nord-Est de l'Afrique, à proximité des pays les plus fertiles de cette portion de notre hémisphère, et des régions qui l'avoisinent, elle a son grand port d'Alexandrie, un des plus importants de la Méditerranée, qui la relie directement aux villes les plus commerçantes de l'Occident, et, en outre, comme si la nature ne s'était pas contentée de lui ouvrir les portes du commerce de l'Afrique et de l'Europe, la mer Rouge lui donne un libre et facile accès dans les riches contrées asiatiques baignées par l'Océan Indien.

Dans l'antiquité, le centre commercial de l'Egypte s'établit tout d'abord à Memphis et à Thèbes. Dès cette époque, les richesses de l'Inde affluaient sur ses marchés; et les deux nations se trouvaient unies par les liens com-

merciaux les plus étroits. « Alors, dit Champollion,
« existaient des communications suivies et régulières entre
« l'Empire égyptien et celui de l'Inde. Le commerce avait
« une grande activité entre ces deux puissances, et les
« découvertes qu'on fait journellement dans les tombeaux
« de Thèbes, de toiles de fabrique indienne, de meubles
« en bois de l'Inde et de pierres dures taillées, venant
« certainement de l'Inde, ne laissent aucune espèce de
« doute sur le commerce que l'antique Egypte entretenait
« avec l'Inde, à une époque où tous les peuples européens
« et une grande partie des asiatiques étaient encore tout à
« fait barbares. Il est impossible, d'ailleurs, d'expliquer
« le nombre et la munificence des anciens monuments
« d'Egypte, sans trouver dans l'antique prospérité com-
« merciale de ce pays la principale source des énormes
« richesses dépensées pour les produire. Ainsi, il est bien
« démontré que Memphis et Thèbes furent le premier
« centre de commerce, avant que Babylone, Tyr, Sidon,
« Alexandrie, Tadnur (Palmyre) et Bagdad, villes toutes
« du voisinage de l'Egypte, héritassent successivement de
« ce bel et important privilège. »

Et plus loin : « L'Egypte faisait alors du superflu de ses
« produits en grains un commerce régulier et fort étendu.
« Elle tirait de grands profits de ses bestiaux et de ses
« chevaux.

« Elle fournissait le monde de ses toiles de lin et de ses
« tissus de coton, égalant en perfection et en finesse tout
« ce que l'industrie de l'Inde et de l'Europe exécute au-

« jourd'hui de plus parfait. Les métaux, dont l'Egypte
« ne renferme aucune mine, mais qu'elle tirait des pays
« tributaires ou d'échanges avantageux avec les nations
« indépendantes, sortaient de ses ateliers travaillés sous
« diverses formes et changés soit en armes, en instru-
« ments, en ustensiles, soit en objets de luxe et de parure,
« recherchés à l'envi par tous les peuples voisins. Elle
« exportait annuellement une masse de poterie de tout
« genre, ainsi que les innombrables produits de ses ate-
« liers de verrerie et d'émaillerie, arts que les Egyptiens
« avaient portés au plus haut point de perfection. Elle
« approvisionnait enfin les nations voisines de papirus
« ou papier formé de pellicules intérieures d'une plante
« qui a cessé d'exister depuis quelques siècles en Egypte.
« Les anciens arabes la nommaient *Berd* ; elle croissait
« principalement dans les terrains marécageux, et sa
« culture était une source de richesses pour ceux qui
« habitaient les rives des anciens lacs de Bourlos et de
« Menzaleh ou Taunis. »

Sous les Ptolémée, la puissance commerciale de l'Egypte eût son siège à Alexandrie.

Nouvellement fondée par Alexandre-le-Grand, et dotée du commerce que ce grand conquérant avait enlevé à Tyr, elle offrait en outre des gages certains de prospérité par son excellent port et sa situation intermédiaire entre l'Europe, l'Afrique et l'Asie.

Aussi, elle acquit bientôt une importance considérable ; ses transactions avec ces trois parties du monde l'enrichirent ; les peuples de tous les pays y affluèrent, et sa population atteignit le chiffre considérable de trois cent mille habitants. Alexandrie conservait encore cette splendeur, lorsqu'elle tomba au pouvoir d'Amrou. Nous en avons la preuve dans la relation qu'en fit ce conquérant, justement émerveillé du spectacle que présentait cette grande cité.

« J'ai conquis, disait-il au calife Omar, la ville de
« l'Occident, et je ne pourrais énumérer ce que renferme
« son enceinte. On y trouve 4,000 palais, 4,000 bains,
« 400 théâtres, 12,000 vendeurs de légumes verts,
« 40,000 juifs payant tribut, 4,000 musiciens et
« baladins. »

Mais tout ce prestige s'évanouit avec la découverte du cap de Bonne-Espérance par les Portugais. La route de l'Inde fut alors changée ; et l'Egypte, dépossédée du privilège qui avait fait sa richesse, vit peu à peu son commerce décroître et arriver à l'anéantissement le plus complet sous la domination barbare des Mameluks.

C'est ainsi qu'à l'avènement de Méhémet-Ali, Alexandrie, la ville autrefois si opulente, si peuplée, si riche en monuments, n'est plus qu'une cité en ruines, déserte, entièrement morte au commerce, et réduite à huit mille habitants.

Le premier soin du régénérateur de l'Egypte fut de rendre la vie à cet antique théâtre de la prospérité nationale. Il comprit toute l'utilité que pourrait retirer le commerce et la marine de ce port jadis si renommé vers lequel avaient afflué tant de richesses ; et il estima avec raison que l'Occident et l'Afrique seraient, à défaut de l'Inde, un champ assez vaste pour développer le nouvel essor commercial qu'il voulait imprimer à cette malheureuse cité.

Il entreprit aussitôt un travail gigantesque, en construisant une vaste artère de navigation, le célèbre canal du Mahmondiéh qui, la reliant avec l'intérieur de l'Egypte, facilita à cette partie fertile du pays l'accès du littoral méditerranéen.

Ces dispositions prises, il s'attacha à rechercher le moyen le plus sûr de rendre à son pays son ancienne prospérité commerciale.

Il fallait peu compter sur le peuple égyptien. Asservi pendant de longues années, inepte à l'agriculture, et complètement ignorant des premières notions commerciales, son initiative devait être considérée comme nulle et impossible.

Une seule voie de salut s'offrait et ce fut celle qu'adopta Méhémet-Ali, en se faisant lui-même la cheville ouvrière de l'agriculture et du négoce.

Il inaugura avec le régime du monopole souverain une sorte de dictature agricole et commerciale que les besoins du pays rendaient indispensable.

La protection directe du chef de l'Etat assurait, en effet, d'un côté, la bonne culture du sol et les soins nécessaires à sa production, et garantissait, d'autre part, aux récoltes, un écoulement facile et exempt de la pression spéculative qui pèse toujours sur un peuple inexpérimenté.

Nous voyons bientôt après l'heureuse initiative prise par Méhémet-Ali produire ces fruits.

Les antiques rapports de l'Ӕ. avec l'Occident renaissent peu à peu et se traduisent à partir de l'année 1827 par des chiffres importants.

Le tableau suivant qui donne le résultat du mouvement d'exportation et d'importation d'Alexandrie, pendant les années 1832, 1836 et 1839, nous en est une preuve.

EXPORTATIONS D'ALEXANDRIE.

	1832.	1836.	1839.
	Fr.	Fr.	Fr.
Coton et laine.....................	10,031,000	24,000,000	10,546,800
Légumes secs et dattes...........	4,141,010	1,000,000	920,800
Riz et céréales....................	3,488,000	5,625,000	6,638,800
Gommes...........................	1,935,000	8,000,000	1,642,800
Toiles de lin et bonnets de laine...	1,125,000	1,611,000	1,109,900
Lin et graine de lin...............	633,000		468,200
Encens, opium, hermé.............	627,000	905,000	776,000
Séné cassé, indigo et drogueries diverses	559,000	2,200,000	868,400
Peaux..............................	543,000		508,200
Coton filé.........................	427,010		
Autres marchandises...............	7,302,000	8,780,000	6,289,800
	30,800,000	42,146,000	29,588,200

IMPORTATIONS A ALEXANDRIE.

	1832.	1836.	1839.
	Fr.	Fr.	Fr.
Tissus de coton....................	8,450,000	16,000,000	864.000
» de soie....................	2,663,000	2,800,000	6.794,000
» de laine, draps............	1,268,000	8,500,000	1,756,800
» » bonnets............	484,000	1,810,000	
» autres	1,218,000	2,000,000	3,233,200
Bois à construire, à brûler et charbon..	7,718,000	10,800,000	9,732,700
Fer en barres et fils de fer............	2,484,000	4,010,000	3,483,000
Quincaillerie, coutellerie et mercerie...	758,000	2,500,000	3,861,700
Sucre	652,000	666,000	899.000
Papier	491,000	1,000,000	547,200
Vin, eau-de-vie et liqueurs............	473,000	710,000	578,800
Verrerie et glaces.....................	374,000	640,000	919,000
Cochenille............................	378,000	1,100,000	661,900
Plomb, cuivre et fils de laiton..........	317,000		622,000
Autres marchandises...................	9,121,000	4,270,000	12,630,700
	36.728,000	50,786,000	46,108,600

Il y a aussi un certain intérêt à connaître la proportion dans laquelle les puissances étrangères contribuaient à cette époque au développement commercial de cette ville.

Les résultats de l'année 1839 accusent les chiffres suivants :

ANNÉE 1839.

PAYS DE PROVENANCE.	IMPORTATION A ALEXANDRIE.	EXPORTATION D'ALEXANDRIE.
Angleterre, y compris Malte...	14.636,000 Fr.	5,694,700 Fr.
Turquie............................	8,949,000 »	7,192,800 »
Autriche......................	4.694.000 »	5,754,800 »
France.............................	4,883,700 »	3,703,900 »
Toscane...........................	4,996,900 »	1,928,600 »
États barbaresques................	3,919,000 »	1,058,700 »
Grèce..............................	1,467,000 »	708,700 »
Belgique...........................	640,000 »	390,500 »
Hollande...........................		215,000 »
Syrie...............................	1,933,000 »	2,889,600 »
	46,108,600 Fr.	29,538,200 Fr.

La France, on le voit, figure à l'importation pour 4,883,700 fr., et à l'exportation pour 3,705,900 fr.

Ces chiffres, comparés avec ceux que nous donnons ci-après, pour le commerce particulier de Marseille avec Alexandrie, pendant la même année 1839, établissent un principe qui s'est toujours maintenu, duquel il résulte, qu'à peu de choses près, les transactions commerciales de l'Égypte avec la France s'opèrent uniquement par l'intermédiaire de notre port.

Commerce de Marseille avec l'Égypte en 1839.

EXPORTATIONS DE MARSEILLE.

Draps et étoffes de laine.	1,085,729 Fr.
Etoffes de soie unies	151,963 »
Cochenille et épiceries	95,480 »
Fer et acier	124,290 »
Plomb	152.895 »
Etain, zinc et cuivre	185.000 »
Papiers	38,712 »
Verroterie, cristaux et poterie	54,598 »
Quincaillerie, armes, mercerie	489,600 »
Peaux tannées et ouvrées, tissus de coton	
Parfumeries, sucre raffiné, vins	
Poivre, corail, meubles, girofles, kermès, etc.	700,000 »
	3,028.716 Fr.

IMPORTATIONS A MARSEILLE.

Cotons en laine...	2,639,118 Fr.
Graines de lin..	167,220 »
Riz et autres graines...	64,744 »
Safran, séné et autres...	15,000 »
Sel, ammoniac, drogues et natron........................	70,000 »
Gommes et résineux...	116,000 »
Cendres et regrets d'orfèvre, nacre.......................	
Tissus de soie, cornes, perles, corail.....................	454,771 »
	3,516,853 Fr.

Il résulte, comme on le voit, de cet état comparatif, que sur 4,883,700 francs d'exportations françaises, Marseille a contribué pour 3,028,746 fr., et que sur 3,705,900 fr. d'importations égyptiennes, la presque totalité, ou soit 3,516,853 fr., est échue à notre port.

Quoiqu'il en soit, il est aisé d'apprécier, par ce simple exposé statistique que nous empruntons à l'excellent livre publié en 1841 par notre compatriote M. Jules Julliani, sous le titre « *Essai sur le commerce de Marseille* » le degré relatif d'importance pris par l'Egypte au sein du commerce européen, au lendemain même des réformes de Méhémet-Ali.

Désormais, l'étranger a repris la route de ses ports; les navires y affluent, et le pavillon Français, entre autres, contribue largement à développer son mouvement maritime.

Nous en trouvons la preuve dans le tableau suivant qui donne le résultat annuel de la navigation entre les deux pays à partir de 1827 jusqu'en 1841 :

NAVIRES ENTRÉS EN FRANCE VENANT D'ÉGYPTE.

Années.	PAVILLON FRANÇAIS.		PAVILLON ÉTRANGER.		TOTAL.	
	Navires.	Tonnage.	Navires.	Tonnage.	Navires.	Tonnage.
1827	84	18,172	5	1,547	89	19,719
1828	47	9,830	3	736	50	10,566
1829	22	3,708	4	1,138	26	4,846
1830	36	7,263	6	1,479	42	8,742
1831	45	8,840	1	250	46	9,090
1832	38	7,539	2	544	40	8,083
1833	30	6,057	1	250	31	6,307
1834	23	4,916	»	»	23	4,916
1835	36	7,346	5	1,308	41	8,654
1836	44	8,682	3	793	47	9,475
1837	33	6,815	1	160	34	6,975
1838	33	6,810	»	»	33	6,810
1839	24	4,683	3	889	27	5,522
1840	33	6,396	16	4,205	49	10,501
1841	35	6,500	41	18,827	76	16,827

NAVIRES PARTIS DE FRANCE POUR L'ÉGYPTE.

Années.	PAVILLON FRANÇAIS.		PAVILLON ÉTRANGER.		TOTAL.	
	Navires.	Tonnage.	Navires.	Tonnage.	Navires.	Tonnage.
1827	58	15,608	3	771	61	16,379
1828	29	6,044	2	36	31	6,430
1829	27	7,191	4	1,002	31	8,193
1830	23	4,502	3	739	26	5,241
1831	33	6,115	8	2,315	41	8,430
1832	24	4,697	13	3,102	37	7,799
1833	27	5,945	16	4,002	43	9,945
1834	16	3,046	4	878	20	3,919
1835	26	5,635	4	1,015	30	6,650
1836	38	8,416	2	454	40	8,870
1837	37	7,921	4	878	41	8,798
1838	25	5,301	4	684	29	5,985
1839	22	4,163	7	1,251	29	5,414
1840	22	4,437	13	2,941	35	7,378
1841	44	8,447	39	9,512	83	17,959

Nous pouvons faire au sujet de la navigation la même remarque que nous signalions plus haut pour les marchandises.

C'est le port de Marseille qui y contribue presque seul. Nous voyons notamment, en 1841, époque à laquelle le mouvement a été le plus fort pour la période signalée, que les 76 navires figurant à l'entrée, et les 83 navires notés à la sortie, en tout 159 navires, ont eu notre port pour lieu d'embarquement et de débarquement.

Il faut donc reconnaître que le monopole avait été fertile en résultats pour l'Egypte. Sagement exercé par un prince soucieux des intérêts de son peuple, ce régime d'exception s'était dépouillé, dans ses mains, du caractère anti-progressiste qu'il présente toujours lorsqu'il est engendré par l'arbitraire et par le despotisme.

Semblable à ces entraves qui retiennent et protègent le navire dont la construction est encore inachevée, il avait, sous la main de Méhémet-Ali, cet habile architecte de l'édifice social Egyptien, puissamment contribué à sa grande œuvre de réforme, n'attendant plus que le signal du maître pour la laisser librement flotter sur le vaste océan du progrès commercial.

De nos jours, le monopole a complètement disparu de ce pays. Le commerce a trouvé, comme l'agriculture, dans Ismaïl-Pacha, un souverain ami du progrès qui, loin de vouloir en restreindre l'essor, en a, au contraire, proclamé et encouragé l'entière liberté.

Alexandrie, cette antique cité que Méhémet-Ali trouva encombrée de ruines et presque veuve de ses habitants, a reconquis l'antique splendeur dont elle brillait sous le règne des Ptolémée. Elle est redevenue pour les européens le marché oriental par excellence, les pavillons marchands de toutes les nations flottent dans son port, et sa population s'est élevée au chiffre de cent soixante-dix mille habitants, dont soixante-dix mille européens et plus de vingt mille français.

L'immense concours qui rassemble dans son sein les peuples commerçants du monde entier atteste la protection et la loyale assistance que l'étranger rencontre toujours auprès du gouvernement, au sein de ce pays hospitalier.

Le temps n'est plus où nos nationaux, spoliés et accablés de mauvais traitements, appelaient à leur secours les armées vengeresses de la patrie.

Grâce à ses institutions toutes européennes, grâce aux encouragements qu'y reçoit l'industrie étrangère, l'Egypte est aujourd'hui un des pays de l'Orient qui présentent le plus de sécurité et de garanties.

Tout devait donc favoriser chez elle le progrès commercial qui a atteint depuis l'avènement d'Ismaïl-Pacha des proportions vraiment considérables.

Ainsi, le coton, qui sous Méhémet-Ali ne se récoltait que par quantités minimes et n'apportait au commerce qu'un chiffre très restreint de transactions, a fourni, en 1865, cent douze millions de kilogrammes, ou soit cinq cent soixante mille balles de deux cents kil. l'une, dont la valeur s'élève à quatre cent cinq millions de francs.

Et ce n'est pas uniquement à ce point de vue que le progrès commercial se révèle. L'accroissement se déploie partout ; et à l'importation comme à l'exportation, les chiffres témoignent d'un élan spontané, imprimé par la main d'un prince éclairé et protecteur du commerce.

Mais pour mieux en juger, et afin de préciser en même temps le genre des marchandises qui donnent lieu aux transactions de ce pays, il nous a paru utile d'examiner son mouvement commercial pendant une période de quelques années.

Nous avons choisi les années 1862, 1863, 1864, 1865, car elles sont toutes récentes et coïncident avec le temps écoulé depuis l'avènement d'Ismaïl-Pacha (18 janvier 1863).

Le commerce d'exportation d'Alexandrie, pendant cet intervalle, donne les chiffres suivants :

MARCHANDISES EXPORTÉES DU PORT D'ALEXANDRIE
Dans les années 1860-1863-1864-1865.

ARTICLES.	Poids et mesures	1860 Quantité	1860 VALEUR en piastres	1863 Quantité	1863 VALEUR en mille piastres	1864 Quantité	1864 VALEUR en m/b piastres	1865 Quantité	1865 VALEUR en mille piastres
Cornes de buffle.	Mille.	1800	620000	970	410	850	380	1000	400
Coton Mako.....	Cant.	82011o	492066000	1287000	935649	1740000	1484270	2507000	1544812
Pois chiche.....	Ard.	4301	8 8672	4870	315	1620	119	175	21
Cocole de Levant.	Cant.	1000	100000	350	37	280	81	220	26
Cire vierge......	Oke.	126000	3150000	83000	2060	104400	2268	72000	1764
Café.............	Cant.	84096	11248880	23000	9750	26000	9828	27000	10962
Cendres de soude	»	36000	1200000	19300	820	10000	420	12000	460
Dattes...........	»	15242	914520	11000	910	10500	868	6500	550
Drogues diverses.	Colis	6300	2020000	5800	2300	4200	1660	3100	1230
Dents d'éléphants	Cant.	8100	8500000	4100	2600	1400	3261	550	1480
Fèves............	Ard.	590000	83400000	510700	36260	58000	3453	»»	»»
Fer assorti......	Cant.	6900	810000	5700	290	4600	230	4200	210
Gommes diverses	»	112116	12893340	105030	13960	77000	15477	46000	10166
Blés.............	Ard.	1293877	88220371	858400	64380	87000	8613	»»	»»
Maïs.............	»	82033	4101630	152000	8892	1400	93	»»	»»
Henné...........	Cant.	23000	1000000	21800	895	19300	805	11000	462
Encens...........	»	6000	930000	5130	694	7200	1038	9000	1530
Laine............	»	29260	8778000	18000	6950	14000	5230	31000	11070
Lin..............	»	25805	2967575	21000	3150	11000	2322	1300	278
Lentilles........	Ard.	75185	4059990	62000	3730	2700	200	»»	»»
Lupins...........	»	3811	163873	1250	63	300	20	»»	»»
Nacre de perle...	Cant.	8384	4545130	10000	1090	6300	615	11000	1386
Marchand. divers.	Colis	18200	7235000	15000	6970	14600	6690	8230	5140
Manufacturés....	»	1800	1675000	950	14700	720	12200	600	9000
Musc, huile de rose	Once.	21000	650000	1950	380	2300	695	2000	720
Natron divers....	Cant.	59000	2134000	49700	1890	9370	3064	54500	2070
Orge	Ard.	279576	11183040	118900	5680	8600	448	»»	»»
Opium............	Oke.	16000	4820000	10000	600	800	490	7000	480
Poivre...........	Cant.	750	150000	520	110	400	87	800	185
Cuirs salés......	N.	174640	8818160	303600	3665	365000	5700	160000	8000
Plumes d'Autruc.	Rot.	50000	7500000	42000	6300	34000	4800	36500	4810
Pois.............	Ard.	4977	2388 4	4750	318	1970	290	»»	»»
Boutargue	Oke.	16200	810000	9400	230	420	112	3600	150
Riz..............	Ard.	29990	7837200	25000	8800	9300	3850	8900	4090
Rhum............	Oke.	»»	»»	»»	»»	»»	»»	»»	»»
Séné............	Cant.	5760	633600	8700	748	3200	210	3400	210
Sel ammoniac...	»	»»	»»	»»	»»	»»	»»	»»	»»
Semences divers.	Ard.	1300	210000	600	110	650	122	430	105
Graine de coton.	»	453519	22675950	726200	47556	915400	58093	129230	63325
» sésame	»	2763	497703	2100	502	950	205	»»	»»
» lin....	»	35277	4036835	1200	192	3000	531	450	72
Nattes	Colis	1800	1220000	1700	1350	1850	1610	2300	1750
Sel...............	Ard.	16000	162000	4100	120	11600	185	12000	140
Salpêtre.........	Cant.	14756	929528	8100	214	7000	441	230	144
Soieries..........	Colis	30	225000	26	230	25	280	20	260
Tamarin	Cant.	1400	910000	600	110	250	51	120	56
Toiles de lin.....	Pièc.	36000	400000	23000	440	16000	360	1200	270
Tortue...........	Rot.	2100	420000	1900	380	1000	220	850	216
Tombak	Oke.	270000	4500000	235000	690	230000	655	210000	685
Saffranum.......	Cant.	730	51100	800	56	530	43	810	48
Sucre............	»	32750	3766365	1000	320	400	140	260	85
Zembili vides....	Colis	17300	1050000	15000	1020	18000	1800	17000	1490
Chiffons.........	Cant.	108684	3532230	86000	3100	80000	2935	86000	1334
			780694036		1203148		1644371		1686135

C'est donc, pour l'année 1862, un résultat de plus de sept cent quatre-vingts millions de piastres, qui en 1863 atteint le chiffre d'un milliard deux cent trois millions de la même monnaie; solde, en 1864, par un total d'affaires qui dépasse un milliard six cent quarante-quatre millions, et arrive à réaliser, en 1865, la somme énorme de un milliard six cent quatre-vingt-six millions cent trente-cinq mille piastres.

Ces chiffres sont importants, car ils donnent pour quatre années seulement une valeur d'importation s'élevant à cinq milliards trois cent quatorze millions cinq cent quarante-six mille cinq cent vingt-six piastres, et ils accusent, par la comparaison de la première et de la dernière année, une augmentation qui se traduit par un chiffre de neuf cent cinq millions quatre cent quarante mille neuf cent soixante-quatorze piastres.

Le progrès est encore bien plus visible si, jetant un coup d'œil rétrospectif sur le passé, on compare le rendement actuel avec celui des années précédentes :

1853	282,891,367	Piastres.
1854	302,821,967	»
1855	459,082,353	»
1856	459,225,373	»
1857	357,554,825	»
1858	301,844,582	»
1859	263,882,191	»
1860	309,093,302	»
1861	374,341,039	»

Si donc, mettant en présence les résultats obtenus depuis douze années, nous comparons l'exportation de 1853 avec celle de 1865, nous obtenons, pour l'année qui clôture cette période, une augmentation de un milliard quatre cent trois millions deux cent quarante-trois mille six cent trente-trois piastres.

Parmi les différentes espèces de marchandises comprises dans le tableau des exportations, quatre d'entre elles méritent un examen tout particulier.

C'est, tout d'abord, le coton qui, exporté en 1862 par 820,110 cant. dont la valeur est de 492,066,000 piastres, atteint, en 1865, le chiffre de 1,785,000 cant. valant 1,142,400,000 piastres, soit : augmentation générale de un million six cent quatre-vingt-six mille cent quatre-vingt-dix cant. pour le poids, et de un milliard cinq cent vingt-deux millions quarante-six mille piastres pour la valeur.

Certes, c'est là un chiffre éloquent et qui témoigne à la fois de la puissance commerciale et de la fertilité du sol du pays qui peut l'inscrire au tableau de ses exportations.

Et ce mouvement ascensionnel n'est pas destiné à être transitoire. Il se peut qu'aujourd'hui, alors que la nation américaine a vu cesser la lutte fratricide qui la déchirait, l'exportation cotonnière en Egypte entre dans une période plus calme et plus normale ; mais elle n'en continuera pas moins à être, comme par le passé, la source de la richesse du pays qui l'a si largement développée.

Il existe, en effet, deux conditions majeures qui tendent à maintenir la faveur de ce produit égyptien.

C'est d'abord une nécessité pour l'Europe de ne pas être totalement tributaire et entièrement à la merci de l'Amérique, pour ce précieux élément d'une importante industrie.

C'est, en même temps, l'avantage qu'elle retire d'un pays de production plus rapproché, se traduisant pour elle en approvisionnements plus rapides et en frais de transports moins élevés.

Et ensuite, ne faut-il pas considérer que l'Amérique, dont l'essor industriel s'accroît tous les jours, pourra, avec raison, employer dans un temps prochain, à l'alimentation de ses nouvelles manufactures, les cotons qu'elle livrait autrefois à nos filatures, en échange de leurs produits?

L'Egypte doit donc persévérer avec courage dans la voie qu'elle a suivi jusqu'à ce jour. Elle peut être certaine d'être secondée dans sa tâche par l'Europe entière, qui contribuera à rendre plus abondante encore l'intarissable source de richesse qu'elle a su trouver dans la culture de ce précieux arbuste.

Si l'on classe les produits du commerce égyptien par rang d'importance, il faut immédiatement ranger, après le coton, sa graine, qui est devenue depuis quelques années l'objet de nombreuses transactions.

Le commerce d'exportation accuse en effet pour cette marchandise, de 1862 à 1865, une augmentation de huit cent trente-huit mille sept cent quatre-vingt-un ardeps, et un accroissement de valeur effective de quarante millions six cent quarante-neuf mille cinquante piastres.

Une autre preuve de progrès se manifeste encore dans la constatation d'un résultat tout opposé à celui que nous venons de citer pour le coton et sa graine.

Nous en trouvons les éléments dans la diminution que nous remarquons sur l'exportation du blé, s'élevant en 1862 à 1,293,877 ardeps, ne figurant plus au tableau de 1864 que pour 838,784 ardeps et disparaissant complètement en 1865 du nombre des denrées exportées.

Un autre produit du pays, le sucre, présente un caractère presque semblable. Il disparaît à peu près du cadre importateur pendant les années 1863, 1864, 1865, tandis que le commerce d'importation, surtout celui qui s'opère avec la France, s'augmente de quantités considérables de sucres raffinés qui trouvent un débouché facile en Egypte.

Il faudrait bien se garder d'attribuer ce résultat à une diminution de production. Son véritable caractère se retrouve dans cette brusque transition qui a fait subitement passer la population agricole de la misère à la richesse, avec la hausse du coton et les splendides récoltes qui ont, pendant plusieurs années, couvert le sol entier de l'Egypte.

Alors, s'est restreinte dans de justes limites, cette sobriété par trop rigoureuse du peuple égyptien, qui le portait à vivre de légumes et de maïs pour ne pas consommer les produits de la récolte destinés à aller augmenter le nombre des marchandises exportées à l'étranger.

Avec l'aisance, le blé et le sucre sont devenus l'objet d'une consommation importante dans toutes les provinces, à tel point que la production indigène n'a plus suffi et qu'il a fallu s'approvisionner à l'étranger.

Si le commerce d'exportation a, comme nous l'avons dit, acquis une grande prospérité, le commerce d'importation a, lui aussi, subi dans une proportion presque égale des développements qui méritent d'être signalés.

Nous en jugerons mieux, en nous occupant du commerce particulier de l'Egypte avec la France.

Mais nous devons cependant indiquer que le commerce général d'importation a produit :

En 1862   319,002,073 Piastres Turques.
En 1863   399,611,501   »
En 1864   492,937,258   »
En 1865   515,900,000   »

C'est toujours, on le voit, la même marche ascendante qui exerce partout son influence.

Les rapports d'affaires de l'Egypte avec la France, ne sont pas moins intéressants à connaître. Nous y retrouvons la trace évidente de cette solidarité d'intérêts qui lie deux pays industrieux, et facilite, par sa cohésion naturelle, l'échange des produits nationaux.

La comparaison des résultats de deux années suffirait seule pour démontrer toute l'étendue du progrès des relations commerciales de ces deux nations.

En 1839, ainsi que nous l'avons vu, la part contributive de la France dans l'exportation égyptienne, s'est élevée à 3,705,900.

En 1865, le chiffre réalisé est de 115,743,489, soit une augmentation de 112,007,589.

Il n'est cependant pas superflu, afin de se rendre un compte exact de la spécialité des marchandises qui sont l'objet des relations internationales, et de la quantité pour laquelle chacune d'elles y contribue, d'examiner les tableaux des importations et des exportations françaises donnés ci-après, pour les années 1862, 1863, 1864 et 1865.

IMPORTATIONS EN FRANCE
1862.

DÉSIGNATION DES MARCHANDISES.	UNITÉS.	QUANTITÉS.	VALEURS.	DÉSIGNATION DES MARCHANDISES.	UNITÉS.	QUANTITÉS.	VALEURS.
Graines à ensemencer..	Kil.	7368142	9442083	Soies écrues et grèges.	Kil.	8089	444895
Coton en laine.........	»	5546161	20540798	Cuivre allié d'étain....	»		
Froment (grains).......	q. m.	186719	57/0780	» de 1re fusion...	»	97939	200329
Gomme pure exotique.	Kil.	1864075	1800 88	Peaux brutes.........	»	116369	263038
Légumes secs et farine.	»	4470223	178 089	Bijouterie d'or.......	ram.	34868	183107
Plumes de parures.. ...	»	14.65	9297460	Œufs de vers à soie..	Kil.	935	47000
Graines oléagineuses...	»	637769	2908.7	Lin................	»	96530	158 86
Café....................	»	516920	1095840	Sucre brut	»	194752	116556
Cuivre pur de 1re fusion	»	214110	818864	Autres articles........	»	»	862938
							2286704
A reporter....			43198214	*Report*			43198214
				TOTAL			45484918

EXPORTATIONS DE FRANCE
1862.

		COMMERCE GÉNÉRAL.		COMMERCE SPÉCIAL.	
DÉSIGNATION DES MARCHANDISES.	UNITÉS.	QUANTITÉS.	VALEURS.	QUANTITÉS.	VALEURS.
Tissus, papiers et rubans de coton........	Kilos.	155692	1259995	47160	418165
» » » laine........	»	78041	1662994	62588	1393798
Vêtements et pièces de lingerie...........	»	98857	1191581	91123	1931597
Tissus, passementerie et rubans de soie....	»	15837	1875471	12600	1499947
Acide stéarique...........................	»	292305	701332	233736	565766
Outils et ouvrages en métaux.............	»	1920033	2211539	394008	945930
Ouvrages en peaux et en cuirs............	»	72566	1041379	72556	1008608
Vins......................................	Litre.	2041890	2180191	2039197	2170687
Poterie, verre et cristaux..................	Kilos.	902675	395609	898899	393206
Sucre raffiné.............................	»	486490	816218	486030	815920
Papiers, carton, livres et gravures.........	»	150957	875259	147384	869919
Mercerie et boutons......................	»	70703	628316	69389	613768
Machines et mécaniques..................	»	419361	440037	88611	77585
Orfèvrerie et bijouterie....................	Grammes.	294462	587807	235339	296762
Or battu, tiré, filé ou laminé sur soie.......	»	683005	431515	660000	362500
Armes....................................	Kilos.	81261	491107	17458	178144
Huile de toute sorte......................	»	103360	209127	76080	155766
Parfumerie...............................	»	46322	232610	46372	231860
Cochenilles...............................	»	9705	78238	8463	63188
Eau-de-vie, esprits et liqueurs.............	Litre.	887.01	431181	116456	245638
Médicaments composés...................	Kilos.	27638	158816	27530	153388
Horlogerie................................	Francs.	»	235318	»	77595
Tissus, draperie et rubans de linon.........	Kilos.	13120	85.43	10898	63044
Ouvrages en bois.........................	Francs.	»	182194	»	179474
A reporter.....			17831076		18662704

DÉSIGNATION DES MARCHANDISES.	UNITÉS.	COMMERCE GÉNÉRAL.		COMMERCE SPÉCIAL.	
		QUANTITÉS.	VALEURS.	QUANTITÉS.	VALEURS.
Report......		»	17851076	»	18662704
Peaux préparées................	Kilos.	39939	8 8318	85985	262597
Meubles.....................	Francs.	»	173760	»	173760
Bitumes fluide...............	Kilos.	83386	5003	83380	5002
Tabac fabriqué ou seulement préparé..	»	20064	116371	3890	»
Voitures suspendues...........	Francs.	»	»	»	19602
» garnies ou peintes...........	»	»	97850	»	97850
Autres articles................	»	»	2965120	»	1742086
TOTAL......			21027698		15969631

IMPORTATIONS EN FRANCE
1863.

DÉSIGNATION DES MARCHANDISES.	UNITÉS.	QUANTITÉS.	VALEURS.	DÉSIGNATION DES MARCHANDISES.	UNITÉS.	QUANTITÉS.	VALEURS.
Coton en laine..........	Kil.	9801338	45376322	Café................	Kil.	216053	483106
Graines à ensemencer..	»	7867816	8694023	Civette.............	Gramm.	166000	41500
Froment (grains)......	q. m.	132330	3851566	Feuille de séné......	Kil.	31524	87839
Gomme pure exotique..	Kil.	1765867	3178561	Œufs de vers à soie...	»	207	87260
Soie écrue et grège.....	»	61393	3187438	Peaux brutes........	»	68520	411340
Plumes de parures.....	»	19741	1008560	Lin, teille et étoupe...	»	68707	148341
Orfèv. et bijout. d'or..	Gramm.	3428330	980956	Autres articles.......	Fr.	»	1820314
Graines oléagineuses...	Kil.	809584	443478				
Légumes secs et farine.	»	1348519	524378				2123590
				Report....			66947179
A reporter....			66947179	TOTAL......			69070769

EXPORTATIONS DE FRANCE
1863.

DÉSIGNATION DES MARCHANDISES.	UNITÉS.	COMMERCE GÉNÉRAL.		COMMERCE SPÉCIAL.	
		QUANTITÉS.	VALEURS.	QUANTITÉS.	VALEURS.
Tissus, passementerie et rubans soie.......	Kilos.	48073	5187445	44854	4758766
» » » laine........	»	205104	4728700	161056	3747970
» » » coton.......	»	236505	3152665	117684	968023
Outils et ouvrages en métaux............	»	2473895	6543838	843713	2005469
Acide stéarique........................	»	780705	1795632	776007	1784916
Machines et mécaniques................	»	3268149	3256097	231412	278918
Vêtements et pièces en lingerie...........	»	149539	3595585	143987	3465418
Ouvrages en peaux et en cuirs............	»	116158	1746656	1158 2	1740017
Tissus, passementerie et rubans..........	»	132246	658293	118665	616752
Sucre raffiné..........................	»	1293398	983377	1293478	989048
Poterie, verres et cristaux...............	»	1484897	704368	1470631	699393
Mercerie et boutons....................	»	152474	1461740	150971	1454838
A reporter....			82300276		22485625

Désignation des Marchandises.	Unités.	COMMERCE GÉNÉRAL		COMMERCE SPÉCIAL.	
		Quantités.	Valeurs.	Quantités.	Valeurs.
Report......	»	»	32809278	»	22483025
Papier, carton, livres et gravures..........	Kilos.	851487	656023	850864	649247
Vins.....	Litres.	2151985	2422483	2148023	2409899
Orfèvrerie et bijouterie...............	Grammes.	801480	1022729	728781	639619
Soies grèges........	Kilos.	13319	752523	13319	752538
Meubles........	Francs.	»	586660	»	585530
Huiles de toute sorte.............	Kilos.	347897	582912	161210	284233
Armes........	»	87645	758362	3785	89434
Eau-de-vie, esprits et liqueurs..........	Litres.	508352	534669	218248	254369
Parfumerie........	Kilos.	551 0	275500	54762	278810
Médicaments composés.............	»	38208	229148	87804	226934
Coutellerie........	»	80288	237448	29428	253138
Peaux préparées.............	»	84545	753 97	77885	703084
Horlogerie........	Francs.	»	223368	»	45775
Ouvrages en bois.........	»	»	240431	»	240431
Or battu, tiré ou laminé et filé sur soie....	Grammes.	389920	219010	383920	219010
Mules et mulets.........	Tête.	730	459900	730	459900
Voitures suspendues, garnies ou peintes....	Francs.	»	181800	»	179800
Tabac fabriqué ou préparé.............	Kilos.	24750	143350	5467	31708
Autres articles.........	»	»	4139703	»	2995262
TOTAL......			47815447		38778531

IMPORTATIONS EN FRANCE

1864

Désignation des Marchandises.	Unités.	Quantités.	Valeurs.	Désignation des Marchandises.	Unités.	Quantités.	Valeurs.
Cotons en laine........	Kil.	15392556	74992534	Café.............	Kil.	134576	275881
Graines à ensemencer....	»	10683756	15950634			62779	213445
Gomme pure exotique..	»	2933241	6458218	Peaux brutes........	»	114042	192693
Plumes de parures.....	»	22635	1055030	Graines oléagineuses...	»	192700	415620
Soie écrue et grège.....	»	12411	737043	Bijouterie or.........	Grammes.	18927	103828
OEufs de vers-à-soie...	»	29 5	655875	Autres articles........	»	»	681992
Habillements.........	»	29387	384631	»	»		
							1583463
À reporter....			100207955	Report....			100207955
				TOTAL...			101791418

EXPORTATION DE FRANCE

1864

Désignation des Marchandises.	Unités.	COMMERCE GÉNÉRAL.		COMMERCE SPÉCIAL.	
		Quantités.	Valeurs.	Quantités.	Valeurs.
Machines et Mécaniques............	Kil.	12716137	11962588	924879	800645
Tissus, passementerie et rubans soie......	»	83469	10187140	78167	9128780
Outils et ouvrages en métaux............	»	5141948	9206107	905839	2758839
Vêtements en pièces et lingerie.........	»	855897	7605167	279611	6 8 J.18
Tissus, passementerie et rubans de soie....	»	811182	71649 6	2635 0	61 3108
Chevaux...............	Têtes.	7310	59769 0	7160	5871880
Vins.................	Litres	3874417	3 8 749	3866693	3714573
Sucre raffiné.............	Kil.	3925308	3297259	394 101	329 5603
Tissus, passementerie et rubans coton.....	»	287393	80947 4	153139	1 3 1617
Ouvrages en peaux et en cuirs.........	»	198206	3078999	194980	2996870
Mercerie................	»	282 23	86 9080	278824	2549530
Orfèvrerie, bijouterie.............	Gram.	2112635	2517581	1946610	1966999
Huiles fines pures.............	Kil.	1719019	2187190	223722	408376
Acide stéarique.............	»	861193	1732386	861182	1721364
Tissus, passem. et rubans lin et chanvre...	»	320514	1535523	307216	1405452
Monnaie cuivre hors cours...........	»	214100	1498700	214100	1498700
Meubles...............	Francs.	»	1307216	»	1297696
Peaux préparées.............	Kil.	136332	1234 6	128741	1167851
Farine, froment............	Q. m.	88674	1178368	398	12786
Poterie, Verres, cristaux...........	Kil.	1799998	1113037	1693176	1107842
Armes................	»	55443	897839	19956	221839
Soie écrue et grège.............	»	12277	804144	11462	750761
Ouvrages en bois.............	Francs.	»	728584	»	718709
Papier, carton, livres et gravures........	Kil.	807490	695162	806818	690020
Fer, fonte, acier.............	»	2940660	646821	1003927	218077
Horlogerie...............	Francs.	»	566996	»	124487
Eaux-de-vie, esprits, liqueurs.........	Litres	849921	546485	198182	416876
Fruits de table.............	Kil.	982661	466087	858679	339098
Coutellerie...............	»	52496	419993	51976	415808
Parfumerie...............	»	69064	345420	68090	340450
Voitures suspendues, garnies ou peintes...	Francs.	»	306670	»	301670
Houille................	Kil.	233624	287298	159790	202389
Beurre................	»	101844	285246	86570	106038
Poissons marins.............	»	129078	283961	129053	283917
Tabac fabriqué ou préparé..........	»	55859	276795	9056	45280
Or battu en feuilles et filé sur soie.......	Gram.	442050	268650	442050	268650
Fromages...............	Kil.	99481	238684	28448	56268
Autres articles.............	»	»	6320877	»	4784417
TOTAL.....			96593680		68645680

IMPORTATIONS EN FRANCE
1865

Désignation des Marchandises.	Unité.	Quantités.	Valeurs.	Désignation des Marchandises.	Unités.	Quantités.	Valeurs.
Coton en laine............	Kil.	13898080	64448348	Laine en masse........	Kil.	144352	469794
Soie et bourre de soie...	»	431800	29613.40	Habill. et pièces de ling.	Fr.	»	408972
Graines à ensemencer...	»	9703477	12614534	Peaux brutes.........	Kil.	118190	189340
Œufs de vers-à-soie...	»	28075	8579563	Éponges.............	»	14934	119292
Café..................	»	589163	10494344	Musc................	»	126000	151200
Plumes de parures.....	»	18014	93J285	Tissus et rubans de soie.	»	934	116067
Gomme pure exotique..	»	447745	805914	Autres articles........	»	»	1148808
							2663078
A reporter....			11170416	Report........			113050416
				TOTAL....			115713489

EXPORTATIONS DE FRANCE
1865

Désignation des Marchandises.	Unités.	COMMERCE GÉNÉRAL.		COMMERCE SPÉCIAL.	
		Quantités.	Valeurs.	Quantités.	Valeurs.
Machines et Mécaniques...........	»	11907866	13344501	576018	728564
Céréales (grains et farines)........	Quint.	28416	9322818	5795	170878
Outils et ouvrages en métaux.......	Kil.	4940340	8487229	564411	1907102
Habillements et pièces de lingerie...	»	323506	6716801	314882	6571146
Vins...................	Litres.	7283232	6286548	7223716	6212864
Tissus, passementeries et rubans soie...	Francs.	»	5964787	»	5388331
» » » laine...	Kil.	234850	4490589	209581	4004963
Ouvrages en peaux ou en cuirs......	Francs.	»	4017762	»	3981154
Sucre raffiné................	Kil.	4026078	3320863	4022921	3218337
Orfèvrerie et bijouterie..........	Gram.	2811205	292115	1975398	1489088
Huiles fines pures............	Kil.	1978891	2474781	381259	547125
Tissus, passementeries et rubans coton....	Francs.	»	2394564	»	1245788
Mercerie.................	Kil.	229901	2292344	3254J0	2214768
Acide stéarique.............	»	1327645	2148378	1178330	206J933
Meubles.................	Francs	»	1281855	»	1277480
Embarcations en état de service.....	Tonn.	2145	1231960	164	43860
Poterie, verres et cristaux........	Kil.	2011159	1075213	1990178	1064369
Peaux préparées.............	»	139684	1031232	180705	1006588
Tissus, passem. et rubans lin ou chanvre...	»	153788	85529	147934	821428
Fruits oléagineux............	»	627692	813090	603212	784915
Eaux-de-vie, esprits et liqueurs.....	Litres.	397388	780014	86281A	783758
Armes...................	Kil.	58777	671534	21488	118282
Matériaux................	Francs.	»	607658	»	607658
Cartons, papiers, livres et gravures....	Kil.	275218	583867	274338	569048
Bois communs.............	Francs.	»	555063	»	557975
Ouvrages en bois............	»	»	555378	»	535818
A reporter.....			88853983		47815983

Désignation des Marchandises.	Unités.	COMMERCE GÉNÉRAL.		COMMERCE SPÉCIAL.	
		Quantités.	Valeurs.	Quantités.	Valeurs.
Report.....	»	»	83358233	»	47815988
Horlogerie....................	Francs.	»	501042	»	78880
Poissons de mer..............	Kil.	302857	487645	301425	486586
Monnaie hors cours en cuivre...	»	67596	478172	67596	478172
Fruits de table................	»	293615	446195	256854	398839
Voitures suspendues, garnies ou peintes...	Francs.	»	405460	»	882760
Parfumerie....................	Kil.	80803	404215	79408	397040
Fromages.....................	»	129167	3875 4	47761	143283
Tabac fabriqué ou préparé.....	»	75108	375540	14674	73370
Cordages.....................	»	304791	354679	303222	353107
Pierres ouvrées...............	Francs.	»	330275	»	330275
Fer, fonte et acier............	Kil.	602248	318330	91583	38163
Beurre.......................	»	96700	298894	60178	189861
Légumes secs................	»	729138	29 635	493438	196975
Houille crue ou carbonique......	Quint.	336691	277770	179668	211937
Coutellerie...................	Kil.	83733	25 098	33001	247507
Autres articles...............	»	»	6712759	»	5487201
			96166764		57804390

Il est bon d'indiquer que ces renseignements sont pris à des sources officielles et tout à fait sûres.

Ils émanent du tableau général du commerce de la France avec ses colonies et les puissances étrangères, publié annuellement par la Direction générale des douanes et des contributions indirectes.

Comme on pourra le remarquer, le commerce d'exportation s'y subdivise en deux parties : l'une, sous le titre de commerce général, comprend la somme totale des marchandises françaises et étrangères qui partent de notre pays à destination de l'Egypte ; l'autre, rubriquée commerce spécial, a trait tout particulièrement aux marchandises exclusivement originaires de France qui sont dirigées sur le même point.

Cette classification démontre, par la quantité des marchandises étrangères que nous faisons suivre sur l'Egypte, l'importance de notre commerce de transit avec ce pays.

Quant aux résultats généraux, ils donnent pour le commerce d'importation des quatre années désignées, un total de 332,064,131 fr. de marchandises reçues d'Egypte.

Celui d'exportation a fourni pour marchandises générales 261,103,539 fr.

Ou soit : Marchandises françaises, F. 172,698,162
Marchandises étrangères. 88,405,377

C'est donc, dans un espace de temps relativement très court, une somme de transactions s'élevant, importations et exportations comprises, à 593,164,670 fr.

Dans ce grand échange des produits des deux nations,

l'Egypte l'a emporté sur nous de 70,957,592 fr., c'est-à-dire que la somme de marchandises qu'elle a importé en France dépasse d'un pareil chiffre la valeur de nos expéditions chez elle.

Ce résultat s'explique facilement, si, en parcourant le tableau des marchandises importées, on jette les yeux sur l'article coton.

L'Egypte nous a fourni ce produit dans les proportions suivantes :

1862	20,520,796 fr.
1863	45,576,023 »
1864	74,982,524 »
1865	64,448,543 »
En tout	205,527,887 fr.

Il est à remarquer que l'exportation de ces grandes quantités de coton a été faite en presque totalité par le port de Marseille.

Nous constatons, en effet :

Quantités arrivées en France :	Quantités reçues par Marseille :
1862 k. 7,263,142.	k. 7,147,913.
1863 » 9,801,331.	» 9,649,015.
1864 » 15,302,566.	» 15,255,986.
1865 » 13,888,080.	» 13,766,560
k. 46,255,119.	k. 45,819,474.

C'est donc seulement un faible chiffre de 435,645 k. qui sur 46,255,119 k. a suivi pour entrer en France une voie autre que celle de Marseille. Un résultat proportionnellement égal serait obtenu pour les autres articles, si on les soumettait au même examen.

De telle sorte, qu'il est juste de dire que notre ville puise dans ses relations avec l'Egypte la principale source de sa prospérité.

Séparée d'Alexandrie par six jours de distance seulement, et baignée par la même mer, elle est le trait d'union qui rapproche la France de cette terre fertile.

La part de Marseille, dans le commerce français d'exportation avec l'Egypte, n'est pas moins considérable.

Ainsi, par exemple, pour une denrée de première nécessité, la farine, que l'Egypte nous demande depuis 1864, nous notons sur les expéditions de cette époque, qui s'élevaient à 36,674 quint. mét. pour la France, 36,665 quint. mét. dirigés de Marseille sur l'Egypte, et en 1865, sur 280,116 quint. mét. 278,842 de même provenance.

Il n'est pas superflu, à ce propos, de signaler le développement subit qui s'est fait remarquer sur notre importation de ce produit en Egypte. Il faut surtout l'attribuer aux heureuses transformations économiques dont nous nous sommes occupé plus haut et qui ont contraint ce pays, par l'augmentation de la consommation, à s'adresser à l'étranger.

En ce qui touche Marseille, l'Egypte, en figurant pour

le chiffre que nous venons d'énumérer au cadre exportations de 1864, occupe pendant cette année le deuxième rang des pays chez lesquels nos farines ont trouvé le plus grand débouché. Elle vient immédiatement après l'Italie, dont les demandes s'élevèrent à la même époque à 39,235 quint. mét.

Mais dans le courant de l'année 1865 la progression fut bien plus rapide, car elle l'emporta de beaucoup, non-seulement sur les autres puissances, mais encore sur l'Italie, comprise dans le tableau d'exportation pour 44,774 quint. mét., tandis que l'Egypte y figure pour 278,842 quint. sur un mouvement général de 416,805 quint. mét., c'est-à-dire qu'à elle seule elle a absorbé plus des 5|8 de nos expéditions en farines.

Les résultats de l'année 1866, qui sont à peine connus, continuent à accuser le même degré de progression.

Comme en 1865, l'Egypte a été le plus large débouché qui se soit offert à nos minotiers ; elle a consommé, sur 424,598 quint. mét., total de notre exportation générale, 177,866 quint. mét., c'est-à-dire 120,322 quint. mét. de plus que l'Italie, qui figure au deuxième rang pour une valeur de 57,545 quint. mét.

La même tendance progressiste s'est faite aussi remarquer sur l'exportation de deux autres catégories de marchandises, le vin et le sucre raffiné, dont la consommation ne peut se produire dans un pays, qu'à la condition d'être alimentée par l'aisance et le bien-être.

Pour le vin, le commerce général a fourni, pendant ces

quatre années, un total de 14,800,524 litres. La production française a presque seule suffi à cette branche importante d'exportation, puisque nous ne comptons sur le chiffre que nous venons de signaler que 22,599 litres d'origine étrangère.

Le sucre raffiné s'est exporté dans ce même espace de temps par 9,731,474 k. qui, à l'exception de 5,944 k. seulement, sont le produit de l'industrie française.

Ces résultats déjà significatifs par l'importance des chiffres, le deviennent encore davantage si on les compare avec ceux donnés par les quatre années précédentes.

IMPORTATIONS EN FRANCE.

Années.	Valeur en francs.
1858	F. 15,116,210
1859	21,384,496
1860	23,638,468
1861	39,713,689
En tout	99,852,863

Soit pour l'exercice de même durée compris dans les années 1862 à 1865, augmentation de 232,208,268 fr.

EXPORTATIONS DE FRANCE.

Années.	COMMERCE GÉNÉRAL. Valeur en francs.	COMMERCE SPÉCIAL. Valeur en francs.
1858	14,134,062	11,750,837
1859	18,023,354	14,624,598
1860	19,748,516	15,321,733
1861	22,983,011	14,158,631
	74,888,943	55,855,799

ou soit, marchandises françaises, 55,855,779 fr., et marchandises étrangères 19,033,144 fr.

En faisant le même calcul pour l'importation, ce mouvement se traduit, pour les quatre années suivantes, par un excédant de 186,214,596 fr., sur le commerce général, et plus spécialement accuse sur les marchandises françaises une augmentation de . . . . 116,842,363 et sur les marchandises étrangères, de . 32,549,578

TOTAL GÉNÉRAL.

Importation. 99,852,863
Exportation. 74,888,943
174,741,806

Résultat qui, rapproché du chiffre de 593,164,670 fr., obtenu pour l'exercice 1862, 1863, 1864, 1865, accuse, en faveur de ces dernières années, un excédant de quatre cent dix-huit millions quatre cent vingt-deux mille huit cent soixante-quatre francs.

Nous trouvons aussi une autre preuve de cette importante progression, en mettant en parallèle le commerce de l'empire de Turquie et celui de l'Egypte avec la France, pendant la période qui s'écoule de 1862 à 1865.

Avant l'avènement d'Ismaïl-Pacha au pouvoir, une différence considérable, et s'expliquant par l'importance relative des deux pays, existait entre le chiffre des transactions de l'empire de Turquie et celui de l'Egypte avec la France.

Mais peu à peu, et surtout depuis 1865, le niveau s'est abaissé et a fini par devenir presque insensible.

	Turquie.	Egypte.
1862 Importations en France.	F. 177,226,684	45,484,918 fr.
» Exportations de France, commerce général.	82,547,416	21,027,698 fr.
1863 Importations en France.	177,203,966	69,070.769 fr.
» Exportations de France, commerce général.	118,986.860	47,815,417 fr.
1864 Importations en France.	166,904.560	101,791,418 fr.
» Exportations de France, commerce général.	129,292,710	96,593,660 fr.
1865 Importations en France.	159,258,963	115,713,489 fr.
» Exportations de France, commerce général.	99,773,267	96,166,764 fr.

Il résulte de cet état comparatif, que la différence en faveur de l'empire de Turquie, qui est pendant l'année 1862 de 131,741,766 fr. pour l'importation, et de 61,519,748 pour l'exportation, s'élève seulement, en 1865, à 43,545,743 fr., à la sortie, et à 3,606,503 fr., à l'entrée.

Le mouvement maritime entre les deux pays a tout naturellement subi, avec l'extension du commerce, une progression importante. Il sera facile d'en juger par le tableau ci-après qui résume la navigation du port de Marseille avec l'Egypte pendant l'année 1866.

ENTRÉE.

	116 navires français, jaugeant	69,581	tonneaux
	19 » étrangers, »	9,799	»
en tout.............	135 navires »	79,380	»
sur lesquels il faut compter	106 vapeurs »	70,885	»
et.............	29 voiliers »	8,495	»
somme égale.......	135 nav. Som. ég. pour jauge	79,380	»

SORTIE.

	138 navires français, jaugeant	76,052	»
	7 » égyptiens, »	994	»
	191 autres nations, »	69,145	»
en tout.............	336 navires »	146,191	»
sur lesquels il faut compter	138 vapeurs »	86,669	»
et.............	198 voiliers »	59,522	»
somme égale.........	336 nav. Som. ég. p' jauge	146,191	»

En rapprochant ce tableau de celui que nous avons déjà donné pour la navigation de la France avec l'Egypte depuis l'année 1827 jusqu'en 1841, il est facile de se faire une juste idée de l'importance du mouvement maritime qui nous relie actuellement aujourd'hui avec ce pays.

C'est, en résumé, un chiffre total de 479 navires jaugeant 220,578 tonneaux que le commerce égyptien attire dans notre port.

Ces marques extérieures de la prospérité commerciale de l'Egypte, quoique considérables, paraissent cependant toutes normales, lorsque, remontant à leur source, on jette les yeux sur les progrès intérieurs desquels elles dérivent.

Pour compléter son œuvre de transformation, Ismaïl-Pacha a employé les éléments civilisateurs de l'Occident, et a donné dans ses États un libre cours à l'application des grandes découvertes scientifiques et industrielles qui, dans notre siècle, ont imprimé une si vive impulsion au commerce.

Une grande partie du territoire égyptien est aujourd'hui sillonnée par les voies ferrées, et c'est grâce à ce puissant moyen de transports que les immenses quantités de coton dirigées sur nos marchés ont pu, si rapidement, parvenir de l'intérieur du pays à Alexandrie, lieu de leur embarquement.

La télégraphie électrique a aussi apporté son concours utile à l'œuvre de progrès général en contribuant à la promptitude des communications intérieures ; et actuellement, ainsi qu'on le voit sur nos lignes de chemins de fer, les voies ferrées égyptiennes sont bordées de poteaux sur lesquels reposent ces fils électriques qui sont les merveilleux conducteurs de la pensée humaine.

D'autre part, c'est l'industrie qui s'améliore et se développe sous la vive impulsion des machines à vapeur substituées au bras de l'homme.

Ismaïl-Pacha, en prince intelligent, ne craint pas d'ailleurs de recourir à l'étranger, et de demander à l'expérience occidentale les modèles qui doivent servir à initier son pays aux perfectionnements que l'art et la science réalisent tous les jours.

C'est ainsi que l'une de nos plus grandes compagnies industrielles, les Forges et Chantiers de la Méditerranée, après avoir construit pour ce prince deux superbes navires et un bateau remorqueur, vient encore de recevoir la commande d'une frégate et de deux corvettes cuirassées.

Sous ce régime éminemment favorable, les compagnies industrielles et les sociétés commerciales affluent et se développent de toute part en Egypte.

La France, l'Angleterre, la Russie, l'Autriche, l'Italie, l'Espagne, la Hollande et plusieurs autres nations européennes y sont représentées non-seulement par des comptoirs importants, mais encore par leurs plus grandes compagnies de navigation.

La protection du gouvernement est d'avance acquise aux étrangers qui viennent coopérer à l'extension du progrès commercial, et chaque jour amène l'établissement de centres industriels dont la prospérité est assurée, si le but qu'ils poursuivent est honnête, et conforme aux principes de probité qui sont les bases essentielles de tout édifice commercial.

Une nation si avancée dans les voies du progrès et si désireuse de modeler sur nos institutions l'œuvre de civilisation qu'elle poursuit avec tant d'énergie, devait avoir sa place marquée au congrès du commerce et de l'industrie. Aussi, l'Exposition universelle de 1867 lui a ouvert ses portes, et l'a admise à participer à la lutte pacifique pour laquelle les peuples du monde entier sont rassemblés.

On voit déjà au Champ-de-Mars l'Exposition égyptienne l'emporter de beaucoup par son vif éclat sur les autres nations orientales, et témoigner, par sa splendeur, de l'habileté de sa commission organisatrice, présidée par Son Exc. Nubar-Pacha.

Non-seulement l'attention des visiteurs égyptiens se porte sur les produits les plus variés du sol et de l'industrie égyptienne étalés par soixante-dix exposants, mais elle est éveillée surtout et presque fascinée par l'aspect prodigieux des richesses artistiques et archéologiques qui donnent une juste et grande idée de l'antique splendeur de l'Egypte.

Trois monuments construits sous la direction de l'habile M. Drevet représentent l'architecture ancienne et moderne du pays.

C'est d'abord le Salemlik, ou palais de S. A. le Vice-Roi d'Egypte, dont le style rappelle l'architecture ancienne des temps Arabes.

Vient ensuite le temple d'Edfou, ingénieux spécimen de l'art monumental primitif du peuple Egyptien, construit sur les données fournies par un savant distingué, M. Mariette-Bey.

Et enfin, c'est l'architecture égyptienne moderne représentée par l'Okel ou caravansérail, vaste édifice couvert de dentelures et de sculptures.

Nous citerons aussi, mais seulement pour mémoire, la salle des plans et la collection anthropologique; car nous sortirions aisément du cadre restreint que nous nous sommes tracé, si nous voulions décrire toutes les richesses et les œuvres d'art qui abondent dans la section égyptienne.

La part brillante prise par l'Egypte à l'exhibition universelle de 1867, nous est un précieux témoignage de l'élan spontané que peut imprimer à un peuple, le génie du commerce secondé par de solides institutions politiques.

Un peu plus d'un demi-siècle s'est en effet à peine écoulé depuis le jour où nos armées envahissaient le pays barbare dont l'accès nous était interdit par le despotisme de Mourad-Bey, et déjà cette nation, entièrement transformée par des princes éclairés, vient, à l'égal des puissances les plus policées, soutenir avec avantage le choc des phalanges industrielles et commerciales, qui, des points les plus reculés du globe, accourent sur le Champ-de-Mars pour combattre, en faveur de la meilleure des causes, celle de la civilisation et du progrès.

PROGRÈS SOCIAL.

L'IMPOT,
LA CORVÉE ABOLIE,
L'Instruction Publique.

Le progrès social est indispensable à la prospérité d'une nation.

Il est le juste complément de tous ceux que nous venons de décrire et prépare pour ainsi dire le sol sur lequel ils sont appelés à faire fructifier leurs germes précieux.

C'est donc avec raison que, dans sa sollicitude pour son peuple, Ismaïl-Pacha s'est efforcé de contribuer à son développement.

L'impôt fixa d'abord toute son attention.

Il était en effet nécessaire de le réglementer et de l'asseoir sur des bases justes et équitables.

Au temps du monopole, sous Méhémet-Ali, c'était en nature et avec les récoltes que les contribuables s'acquittaient envers l'État.

La solidarité existait entre les imposés et la taxe, au lieu d'être individuelle, portait sur la totalité des habitants d'une ville ou d'un village.

Signaler un pareil système, c'est en faire ressortir en même temps tout le danger.

L'impôt doit être essentiellement individuel, et peser sur le contribuable dans la proportion de l'utilité et de l'avantage qu'il retire du sol ou de la protection du pays. Tel est, aujourd'hui, son caractère en Egypte.

Ismaïl-Pacha a perfectionné l'œuvre de réforme entreprise sur ce point par Mohammed-Saïd, son prédécesseur, et tout en la maintenant dans ses principes, il a puissamment obvié aux règles arbitraires qui présidaient autrefois aux opérations des agents du fisc.

Un cadastre a été établi, et le propriétaire du sol contribue à l'acquittement des charges qui pèsent sur le pays, en proportion du nombre de feddans de terre dont il est possesseur.

Par une juste application du principe d'équité que nous formulions plus haut, la terre inculte n'est pas imposée, et c'est à la production seulement qu'échoit l'obligation de participer, dans des limites proportionnelles, à l'allégement des besoins de l'Etat.

Mais la sollicitude du Vice-Roi actuel s'est surtout portée sur un impôt d'un autre genre, qui, par son caractère, portait la plus grave atteinte à la liberté individuelle, et la menaçait dans ce qu'elle a de plus cher.

La corvée, cette plaie des anciennes institutions égyptiennes, a été, on le sait, complètement abolie par Ismaïl-Pacha.

L'origine du mal était ancienne, et remontait aux temps les plus reculés.

Les monuments gigantesques que les siècles ont respecté, les ouvrages de toutes sortes, les immenses travaux de canalisation qui sillonnent le sol égyptien, sont l'œuvre de plusieurs générations de travailleurs dont l'existence entière fut assujétie aux dures prescriptions de la corvée.

Les anciens rois conquérants qui l'établirent avaient eu surtout pour but d'éloigner du peuple toute idée de révolte en le soumettant à un travail continuel.

Plus tard, invétérée dans les mœurs du pays, la corvée fut considérée comme une charge naturelle, et on la vit se perpétuer jusqu'à l'avènement d'Ismaïl-Pacha.

Son abolition fut une des premières réformes édictées par ce prince, et cet acte insigne d'humanité inaugura dignement un règne qui devait être si fertile en institutions régénératrices.

Quelques esprits prévenus n'ont pas voulu, cependant, se rendre à l'évidence, et ont essayé de soutenir que la corvée existait encore.

Confondant l'ancien régime si arbitraire du travail forcé et non salarié, avec les réquisitions extraordinaires usitées dans les pays les plus civilisés, et se basant sur quelques faits isolés, justifiés d'ailleurs par des cas de force majeure et d'extrême urgence, ils se refusent à rendre à Ismaïl-Pacha le témoignage de justice que toutes les nations civilisées se sont plû à lui accorder.

Il n'est pas rare, en Egypte, surtout aux époques périodiques qui précèdent et suivent les inondations du Nil, qu'un appel d'urgence soit forcément fait au peuple.

tout le premier intéressé à la fertilité et à la production du sol, pour certains travaux qui, par leur utilité, présentent, un caractère éminemment national.

Mais c'est là un devoir de bon citoyen, dont l'accomplissement, tout en ne portant aucune atteinte à la liberté individuelle, est nécessaire et indispensable à la prospérité publique.

Nous pouvons donc proclamer sans hésitation que l'abolition de la corvée est aujourd'hui un fait entièrement accompli en Egypte.

Désormais, l'agriculteur rendu à ses champs est libre de consacrer entièrement ses bras au développement et à l'accroissement des récoltes. Bien loin d'être condamné comme ses ancêtres au travail forcé qui dépeuplait les campagnes, il peut, à l'abri des nouvelles institutions qui le protègent, fertiliser le sol qui le fait vivre, et recueillir en même temps les fruits de cette émancipation civile, qui est le privilège le plus précieux du progrès social.

Pour être cependant complète, l'œuvre émancipatrice d'Ismaïl-Pacha a dû nécessairement se baser sur un élément essentiel de régénération sociale : l'instruction publique.

Les premiers essais faits par Méhémet-Ali avaient été incomplets, et ne pouvaient être efficacement repris que par un prince éclairé, et juste appréciateur des bienfaits de l'instruction.

Secondé dans cette tâche difficile par un ministre habile, S. Exc. Schérif-Pacha, le Vice-Roi actuel a, dans l'espace de quelques années, subitement transformé et sensiblement amélioré le système d'instruction publique qui avait été suivi jusqu'alors.

Sous Méhémet-Ali, les savants appelés par ce prince à coopérer à la nouvelle organisation, s'étaient surtout attachés à créer un système d'éducation qui péchait naturellement par sa base, en ce sens que, trop compliqué de sciences ardues et abstraites, il était inaccessible à des intelligences nouvelles et tout à fait incultes.

Il eût fallu pour ce peuple, dont les facultés intellectuelles se réveillaient à peine du profond sommeil dans lequel l'ignorance l'avait plongé pendant des siècles entiers, un mode d'instruction plus en rapport avec ses forces, et qui l'initia graduellement au goût de l'étude.

C'est à ces causes, jointes aux difficultés qui se révèlent toujours lorsqu'il s'agit de façonner un peuple à des institutions nouvelles, qu'il faut évidemment attribuer l'insuccès des louables tentatives faites par Méhémet-Ali.

Le gouvernement d'Ismaïl-Pacha a mieux apprécié la situation. Il a compris qu'à l'exemple des nations les plus civilisées, il fallait vulgariser l'instruction en la rendant publique et en la mettant, surtout à l'aide des écoles primaires, à la portée du peuple.

C'est en faisant asseoir ce dernier, pendant son enfance, sur les bancs de l'école, c'est en l'initiant graduellement aux notions élémentaires qui doivent façonner son intelligence et la préparer insensiblement à des études plus sérieuses, que l'instruction arrive à gagner les masses, et finit par passer dans les mœurs d'un pays.

Ne voyons-nous pas, en France, un ministre éclairé s'efforcer d'augmenter dans nos départements le nombre des écoles primaires. Et tout dernièrement encore, notre Corps législatif ne s'est-il pas largement associé à l'extrême sollicitude du chef de l'Etat, pour cette branche si importante de l'instruction publique, en votant une loi appelée à en accroître la prospérité ?

Le grand principe de gratuité, qui tend aussi à se répandre en France, reçoit en ce moment en Égypte une large et entière application.

Bien plus, de nombreux élèves sont nourris et vêtus par le gouvernement.

C'est ainsi que deux cent cinquante-six écoles primaires gratuites fonctionnent actuellement au Caire et à Alexandrie.

Elles comptent neuf mille trois cent trente-huit élèves. Et dans ce chiffre, mille huit cent vingt-deux sont habillés et entretenus aux frais de l'Etat.

Les écoles spéciales n'en sont pas moins, pour le gouvernement, l'objet d'une constante sollicitude.

Parmi les plus prospères, il faut surtout distinguer l'Abbassiéh, pépinière de savants, comparable à nos écoles de Saint-Cyr et Polytechnique.

L'école de médecine a acquis aussi une juste réputation, et par un heureux esprit d'innovation, une classe de sages-femmes y a été créée.

Les écoles du gouvernement ne comptent pas moins de trois mille quatre cent quatre-vingts élèves internes, non-seulement vêtus et nourris, mais encore touchant une solde.

Un culte égal à celui des sciences et des arts est réservé à la littérature.

La mosquée d'El-Azar ou des fleurs, qui est tout à la fois une Université littéraire et théologique, comprend cinq mille élèves sur lesquels deux mille cinq cents sont entretenus aux frais de l'Etat.

Ces institutions si utiles et si nécessaires au pays viennent encore de recevoir la garantie de nouveaux développements dans l'affectation spéciale qui a été récemment faite par S. A. le Vice-Roi, au budget du ministère de l'instruction publique, des revenus du domaine de l'*Ouadi* qu'il a acheté au prix de dix millions, de la compagnie de l'Isthme de Suez.

Mais le signe caractéristique des idées civilisatrices qui président à toutes les réformes émanées du gouvernement égyptien se révèle surtout dans la nouvelle organisation de l'instruction publique pour les femmes.

Notre récente loi sur l'instruction primaire appréciant, avec juste raison, les lacunes que ce point important présentait en France, s'est surtout préoccupée de l'augmentation des écoles appelées à façonner l'intelligence de nos futures mères de famille.

Si la condition intellectuelle de la femme sollicite chez nous de si importantes améliorations, on peut se demander, avec juste raison, combien sera grande la tâche, lorsqu'il s'agira des pays orientaux, où tout est encore à faire !

Ismaïl-Pacha, en novateur habile et zélé, l'a compris en créant, en Egypte, des ouvroirs et des écoles pour les femmes.

Tous les rangs de la société sont appelés à participer à ce nouveau bienfait de la civilisation, car, à côté des simples écoles, il existe des pensionnats pour demoiselles, se subdivisant en trois catégories différentes, qui comprennent les princesses d'abord, et ensuite les jeunes filles appartenant aux classes supérieures et aisées.

Ces courageuses tentatives promettent les plus grands résultats ; car elles tendent surtout à la réhabilitation de la femme au sein des populations orientales et tout en constituant pour le présent un progrès immense, elles sont, pour l'avenir de l'Egypte, le gage certain de la félicité des générations futures.

Nous ne voulons pas terminer ce rapide aperçu de la prospérité intérieure de l'Egypte sans signaler les garanties d'accroissement que l'avenir semble lui réserver encore.

S'il faut en croire les feuilles publiques et les télégrammes qui nous arrivent de Constantinople, d'importantes négociations entamées entre l'Egypte et la Sublime-Porte seraient à la veille d'aboutir à une heureuse solution.

Son Exc. Nubar-Pacha aurait reçu de S. A. le Vice-Roi d'Egypte la haute mission de solliciter, du gouvernement ottoman, des concessions indispensables au développement de la prospérité du pays.

Le mobile des louables tentatives faites par Ismaïl-Pacha réside uniquement dans sa sollicitude pour les intérêts du peuple égyptien et non dans un sentiment dicté par des idées ambitieuses ; car loin de songer à amoindrir les liens politiques qui unissent ses Etats à l'Empire de Turquie, ce prince s'efforce depuis son avènement de les resserrer encore, à l'aide de son dévoûment sans borne au pays, qui partage avec l'Egypte la solidarité de tant d'intérêts divers.

L'heure des concessions destinées à favoriser l'essor d'un peuple ami du progrès a d'ailleurs sonné. Car nous ne sommes plus au temps où il était nécessaire d'arrêter, par une digue infranchissable, l'élan des armées égyptiennes.

Les luttes commerciales sont les seules qui de nos jours animent l'esprit avancé de cette nation.

D'autre part, la meilleure politique à adopter par l'Empire de Turquie est de s'attacher, à l'aide de concessions utiles, les différents peuples sur lesquels il exerce un droit de suzeraineté.

C'est, d'ailleurs, la voie prudente dans laquelle cette puissance semble devoir entrer par ses derniers actes en faveur de la Serbie et les Principautés Danubiennes.

Fidèle et dévouée entre toutes les nations vassales, l'Egypte ne sera pas déshéritée d'un privilége si nécessaire au rang qu'elle a su prendre en Orient.

Elle peut donc, à bon droit, avoir confiance dans le succès de la mission de S. Exc. Nubar-Pacha, et se préparer à en saluer les précieux résultats, comme le troisième évènement heureux qui, dans le court espace d'une année, témoigne après l'hérédité directe et la création du Conseil des représentants, de la sollicitude d'Ismaïl-Pacha, pour les institutions qu'il a placées sous l'égide protectrice de la civilisation et du progrès.

Alexandre RONCHETTI.

Marseille, le 20 Mai 1867.

Marseille. — Imprimerie Nouvelle A. Arnaud. rue Vacon, 21.

www.ingramcontent.com/pod-product-compliance
Lightning Source LLC
LaVergne TN
LVHW051458090426
835512LV00010B/2215